JN296765

当事者に学ぶ

精神障害者のセルフヘルプ - グループ と 専門職の支援

半澤 節子 著

推薦のことば

　わが国におけるセルフヘルプ-グループに関する研究活動は，欧米の研究成果を紹介する段階から，セルフヘルプ-グループの重要性の認識が高まって，身近な実践へと向かい始めるといった次のステップに入ってきたといえよう．そして，精神保健福祉にかかわるセルフヘルプ-グループ研究に関しては，近年になって注目されるという機会が増して，大きな拡がりをみせている．

　そもそもセルフヘルプ-グループを研究することは，セルフヘルプをめざすグループ活動の実践的な取り組みなくしては成立しないものである．グループ活動の実践の成果と，その活動の持つ意味を整理する研究との双方向の交流や評価なくしては，双方が共有できるものとはならず，机上の空論や安易な効用論等が広まる状況を招いてしまう．よって，そうした研究活動にあたっては，自律的で禁欲的な態度で取り組み，その限界を踏まえることが常に求められるものだろう．当然，セルフヘルプ-グループ研究に限らず，どのような研究活動にも当てはまるものではある．ましてや，ヒューマンサービスの領域においては，専門性の認識に対するパラダイムの転換が迫られているからこそ，セルフヘルプ-グループへの関心の高まりを大いに歓迎するとともに，専門職といわれる関係者の過剰な

期待感や幻想に終わってはならないとも考える．

　本書の著者である半澤節子さんは，自らの体験から発して精神障害のある仲間たちや，それらのグループを支援する人びととの出会いという貴重な経験から研究関心を深めてきた．そうした営みから始まる研究意欲を大学院における研究活動につなぎ留めながら修士論文としてまとめられた．その研究活動の成果が「やどかり出版」顧問の西村恭彦さんや代表の増田一世さんの眼に止まり，公刊のチャンスを得た．修士論文を改めてまとめ直したものが本書となって世に問いかけ，さまざまな評価を受ける機会は，半澤さんにとってなんと幸運なことであろうか．

　本書の構成は，修士論文で取り上げた論調や流れとは異なった逆転した組み立てに再編されている．一般的には書き手が扱う考え方や言葉などの概念を定めることから書き進められるか，または，これまでの研究の成果を整理して紹介するといったことから始められる場合が多い．ところが，具体的な活動事例の紹介と検討から始まり，理論的な整理へと向かう構成であり，実践を理論化する道筋を示したものである．こうした発想は，やどかり出版の企画意図に負うところが大きかったのであろうが，セルフヘルプ-グループ研究にとっても大切な考え方である．

　ちなみに，大正大学大学院では，社会福祉実践分析研究という共同研究を展開するユニークな特殊研究の講座がある．そこでの共同研究の発想は，まさに実践から理論へという道筋を重視している．半澤さんは，大学院でこの講座に加わった後の現在でも，研究合宿には引き続き長崎から参加して，後輩である院生同士の論議に加わっている．このように，今後とも求められる研究・教育者としての基本的な姿勢を保ち続けている．

　ところで，本書のような類書としてのセルフヘルプ-グループに関する著作の刊行が徐々にではあるが，増えてきたことを大いに歓

迎したい．もっと多くの人びとの関心を呼び覚ますといった新たな情報発進の機会が増しても良いだろう．本書がセルフヘルプ-グループに関心を持つ人びととのネットワークを拡げる機会を提供することに貢献できるよう願って止まない．

　最後に，半澤さんを支える多くの協力者や支援者があってこそ，本書の刊行が達成できたといえよう．ここで著者に代わって深甚なる感謝の想いを込めて推薦のことばとしたい．

大正大学教授　石川　到覚

はしがき

　本書を手に取るのはどのような人たちだろうか．精神障害者の援助に関わる人たち，例えばソーシャルワーカー，看護職，作業療法士，それとも精神障害者の家族，精神障害者自身，精神障害者とともにボランティア活動に関わる人たち，あるいは対人援助について考えている教育・研究者等，多岐にわたってくださると嬉しい．

　そもそも，筆者が「セルフヘルプ-グループから学ぶ」というテーマで書いてみようと思ったのは，自分自身のセルフヘルプ-グループ体験が大きく作用しているからである．筆者にはセルフヘルプ-グループにメンバーとして参加して，彼らとともに力を回復した経験がある．自分の力が空回りして，どうしようもなく苦痛を感じていた時にセルフヘルプ-グループに出会い，大きな力を得ることができた．

　人はさまざまな人生のターニングポイントでだれかに助けられる．そのような「人」に出会うことのできる「場」があるかどうかは大変重要になる．そうした場の1つがセルフヘルプ-グループである．
　そこでの共感的体験から何かを得ることができるかもしれない．

では，このようなセルフヘルプ-グループに，専門職は「支援者」の1人となることで，何を学ぶことができるのだろうか．精神の病を患うこと，そして，機能や能力の障害を持つということで，人生でしたいことが往々にして中座する．通常より苦労の多い人生を歩んでいると思われる人もたくさんいる．

彼らと同じ体験をしていない人は，出会えないものなのだろうか．本書を手にしたあなたは，そんなふうに精神障害者の体験を考えたことがあるのではないだろうか．

対人援助の専門職が援助対象と自分との違いを感じる時，そのことはきっと障害者に伝わるに違いない．専門職の役割というのは確かにあると筆者は考えている．

精神障害者の呼称は患者，障害者，利用者，当事者とさまざまである．そういう人の人生という意味で，彼らの体験から学ぶことはたくさんある．そこに共感できることがあり，多くのことを学ぶことができると筆者は考えている．その場合，専門職という看板を背負っていると，かえって学ぶことができないこともあるのではないだろうか．対人援助の仕事を選んだ筆者は，自分と援助対象との関係を，専門職という役割からしばし離れて考えてみることがある．相手が中年女性であれば，「この人の娘であったら」というように……．このようなことを時々考えたりしながら，対人援助という仕事そのものが，彼らとのつき合いそのものが，自分の生き方そのものと重なっていると思うことがある．

本書を手に取るあなたはどうだろう．専門職であってもなくても，セルフヘルプ-グループという「体験を分かち合うという場」のおもしろさについて，もっと知りたい，考えてみたいという関心を抱いていただきたいものである．しかし，敢えて言うなら，専門職に

はぜひ,「人と人が支え合う」という対人援助の原点を,時々だれかと一緒に考えていただきたい.そして,そんな時,本書を思い出していただければ幸いである.

　　　　　　　　　　　　　　　　　　　　　　　　　半澤　節子

目　次

推薦のことば ……………………………………石川到覚　3
はしがき ……………………………………………………　6

序章　私的体験の世界 ………………………………… 15
　1．筆者の患者体験から ……………………………… 17
　2．看護学生時代の出会い …………………………… 20
　3．保健婦になって …………………………………… 21
　4．セルフヘルプ-グループの思い出 ………………… 24

第1章　精神障害者が語る現状と専門職への期待 ……… 29
Ⅰ　病いを持ちながら社会に開かれるということ ……… 35
　【事例1】
　1．プロフィール紹介 ………………………………… 36
　　（病歴・生活歴・医療に対する価値観）
　2．いくつかのセルフヘルプ-グループ体験から …… 36
　3．ＴＫＳミーティングのはじまり ………………… 39
　4．ＴＫＳ（体験交流集会）の特徴 ………………… 42
　5．「当事者ではない人がいると話しづらい」
　　という発言 ………………………………………… 44
　6．ＴＫＳ活動の一時解散の理由と
　　関連する親会の休会理由 ………………………… 46
　7．当事者だけで集まることから「開かれた世界」へ …… 48
　8．精神障害者のセルフヘルプ-グループに向く運営方法 … 51

Ⅱ　精神医療を受けた経験者だからできる社会的活動 ……… 53
　　【事例2】
　　1．プロフィール紹介 ………………………………………… 54
　　　（病歴・生活歴・医療に対する価値観）
　　2．精神障害者に関わる専門職にひとこと ………………… 54
　　3．院内患者会は「そこに行けば顔見知りに会える」
　　　という場所 ………………………………………………… 56
　　4．「フレンズコミュニケーション」の始まり …………… 56
　　5．セルフヘルプ-グループを支援する専門職にひとこと … 58
　　6．新たなセルフヘルプ-グループづくりへ ……………… 58
　　7．精神医療を経験した回復者だからできる活動 ………… 60
　　8．バンクーバーの地域保健システムに出会って ………… 63
　　9．当事者が望むバンクーバーの救急システムとは ……… 64
　　　1）危機的対応サービス ………………………………… 66
　　　2）生活支援サービス …………………………………… 67
　　10．バンクーバーで具合が悪くなったら …………………… 68
　　11．日本の生活支援システムの現状 ………………………… 69
　　　1）医療と生活支援が連携したシステム ……………… 70
　　　2）精神障害者がともに暮らす環境 …………………… 70
　　　3）当事者が求めている救急システムとは …………… 71
　　12．当事者活動が社会的に評価されるための戦略 ………… 72

第2章　専門職が支援するセルフヘルプ-グループの実際 …… 75
Ⅰ　個別援助の限界とグループづくり【事例3】…………… 78
　　1．就労定着指導を個別に行う限界から …………………… 80
　　2．当事者が主体的に参加する運営 ………………………… 81
　　3．社会参加というテーマについて安心して語れる場 …… 82
　　4．当事者から見たセルフヘルプ-グループ ……………… 83

1）過剰な期待から自由になって本音を語れる場所 …… 83
　　　2）就労に対する焦りを一歩離れて見つめる ……… 84
　　5．専門職からみたセルフヘルプ-グループ ……………… 86
　　　1）就労支援は生活支援の一部 ……………………… 86
　　　2）就労に対する焦りを見つめること ……………… 86
　　　3）多様な考え方に出会うことから広がる可能性 … 87
　　6．職場の人に障害を明かすという体験から …………… 89
Ⅱ　ボランティアとして参加する作業所職員【事例4】……… 91
　　1．小規模作業所とは異なる場所でグループに
　　　　参加する意味 ……………………………………… 92
　　2．作業所職員と通所者が並んでミーティングに
　　　　参加すること ……………………………………… 93
　　3．作業所の職員が考える「しごとミーティング」……… 94
　　　1）横並びの関係性を大切にする安心感と癒しの効果 … 94
　　　2）「パイプ役」を担い続けること ………………… 95
　　　3）作業所での支援という枠組みから
　　　　　離れて考える意味 ……………………………… 96
Ⅲ　同じ社会でともに汗を流し苦しみ涙する仲間 ………… 98
　　【事例5】
　　1．当事者が運営する保健所デイケアの効用 ………… 98
　　2．仕事の分担の決め方 ………………………………… 100
　　3．定例会「つどい」のテーマ ………………………… 102
　　4．ともに活動する仲間という関わり ………………… 103
Ⅳ　クラブハウスにみるセルフヘルプの実際【事例6】　 105
　　1．クラブハウスとは ………………………………… 106
　　2．クラブハウスの運営方法 ………………………… 107
　　3．「セルフヘルプ」と「参加」という価値 ………… 108
　　4．関係性と能力 ……………………………………… 109

5．患者会活動から拠点づくりへ ……………………… 110
　　6．作業所とは違う志向性と当たり前の理屈 …………… 111

第3章　これまでのセルフヘルプ-グループと専門職についての研究 …………………………………………… 115

Ⅰ　精神障害者セルフヘルプ-グループ組織化の歴史 ………… 119
Ⅱ　専門職の関わりに関する研究の動向 ……………………… 124
Ⅲ　全国の精神障害者セルフヘルプ-グループ
　　（岩田による調査を中心に） ………………………………… 131
　　1．調査方法 ……………………………………………… 132
　　2．セルフヘルプ-グループの運営形態別分類 ………… 133
　　3．運営形態別分類による活動内容 ……………………… 133
　　4．精神保健システムや専門職との関係について
　　　　岩田による考察 ……………………………………… 134
　　5．岩田の研究結果と考察から考えられること ………… 135
Ⅳ　専門職の支援を改めて見直す意味 ……………………… 137
　　1．専門職という「保護者」は必要か ………………… 138
　　2．セルフヘルプ-グループへの関心と学ぶべきこと …… 140
　　3．生活者のニーズを基本とするよう見直すこと ……… 142

第4章　セルフヘルプ-グループと専門職による支援の検討 … 145

Ⅰ　概念整理と検討の視点・方法・範囲 …………………… 147
　　1．セルフヘルプ-グループの概念整理 ………………… 147
　　2．支援を考える視点と方法 …………………………… 149
　　3．どこまでを範囲とするのか ………………………… 149
　　　1）精神保健福祉センター ……………………………… 150
　　　2）保健所と市町村 ……………………………………… 150
　　　3）支援する専門職の多様性 …………………………… 151

Ⅱ　組織形態と活動内容の変遷モデル ………… 153
　　1．石川による組織形態別類型 ………… 153
　　2．谷中による自助活動の目的別分類 ………… 154
　Ⅲ　専門職の援助姿勢による影響 ………… 160
　　1．専門職はサービス志向的なグループを
　　　　好んで援助するのか ………… 160
　　2．専門職のボランティア性について ………… 163
　Ⅳ　精神症状とつき合うことの意味 ………… 167
　Ⅴ　当事者と医療者の対等な関係性の模索 ………… 171
　Ⅵ　日本における施策体系とサービスシステム ………… 174

終章　改めて専門職の支援における課題とは ………… 179
　　1．第4章までに述べたこと ………… 181
　　2．セルフヘルプを尊重しそこから学ぼうとする専門職 … 183
　　3．医療と福祉の専門性について ………… 186
　　4．専門職の支援に関する研究への期待 ………… 188
　　5．本書で紹介した事例の限界 ………… 189

付録　セルフヘルプ-グループに関する研究の動向 ………… 191
　　1．セルフヘルプ-グループの歴史 ………… 193
　　2．日本のセルフヘルプ-グループ研究史〜1980年代以降〜 … 196
　　　1）1980年代前半 ………… 197
　　　2）1980年代後半 ………… 197
　　　3）1990年代前半 ………… 199
　　　4）1990年代後半 ………… 199

引用文献 ………… 202
参考文献 ………… 208

資料1：設立・運営形態別の事例区分 ……………… 215
資料2：セルフヘルプ-グループ実践事例と
　　　　専門職の関わりの検討 …………………… 216
資料3：日本のセルフヘルプ-グループ文献年表 ……………… 218
　　　　（昭和32年〜平成11年11月）

あとがき ……………………………………………… 244

私的応援席からのメッセージ ……………………………… 251
　セルフヘルプ運動の位置と課題　　　岩田　泰夫　…… 253
　半澤節子というセルフヘルプな人　　野田　文隆　…… 259
　セルフヘルプ-グループと保健活動　　平野かよ子　…… 262
　セルフヘルプ-グループと研究者の原点　田中　英樹　…… 266

　　　　　　　　　　　　　　表紙デザイン　宗野　政美

序章

私的体験の世界

初めにセルフヘルプ-グループに学ぶというテーマを選んだ筆者自身のことを少し紹介したい．

　筆者は大学で看護学を学んだ．その後，看護婦と保健婦の仕事に従事し，中でも保健婦を10年あまり経験した．その辺りで精神障害者福祉について勉強したいと思い，大学院で社会福祉学を学んだ．

　看護学は，人間の心や身体についての医学的な知識や，その他心理学，社会福祉学，生物学，化学，哲学など多様な学問を基礎としながら，その上で，病いや障害を持つ人にいかに看護することが望ましいのかを明らかにしていく学問である．臨床医療現場であれば，患者のニーズを満たすための援助や治療環境を整えること，地域であれば，生活上のニーズを満たすための支援や生活環境を整えることが中心的課題になるだろう．

1．筆者の患者体験から

　筆者にとって，看護は自分の患者体験から始まった．生まれつき心臓が悪く，物心ついたころには，友達と同じように運動はできないし，山登りの遠足にも行けなかった．病気を持ちながら暮らすことを考えるきっかけは，こうして始まった．都合3回の入院を経験したが，自分以外の心臓病を持つ人にはその入院時に出会った．そして筆者の多くの年月は「身体が弱い自分」をどこかで意識しながら過ごしていたと言える．

　1つの忘れられないエピソードがある．ある時学校の健診で，クラスメイトの1人が「心臓が悪い」という判定結果をもらった．筆者は彼女に，
「私もそうだから，大丈夫だと思うよ」
と慰めたつもりで言ったのだが，逆に，
「あなたには私の気持ちがわかるわけがない．中学になって突然

心臓が悪いなんて言われて，どうしようかという気持ちは，あなたにはないだろうから」
と言い返された．言われてみれば，確かにそのようには共感できない．ただ，彼女が，
「心臓が悪くてもうまくやっていくためにどうしようか」
と思った時に，筆者がピアサポート[註1)]できる時がくるかもしれないと思っていた．この体験は，振り返ってみれば，一方が同じ立場だからと思っても，他方がそういう一致点を見つけられなければ，ピアサポートは成立しないということを筆者に教えてくれた．そうした不一致をどううまくつなげることができるのか，残念ながら，当時このクラスメイトとの間で展開されることはなかった．

筆者の病者体験をもう少し紹介したい．中学に入ってから，わが家の家族の健康状態は悲惨そのものであった．とりわけ母親と筆者．何しろ，入学して間もなく，母親は突然くも膜下出血を患い自宅で倒れ，意識不明のまま救急車で入院した．長女で責任感のあった筆者は救急車に同乗した．

入院してから，母親に代わる家事をしたり，面会に行ったりと，どたばたした日々を過ごした．そのうち筆者が歯科治療をした時，体力が弱っていたために感染症を患い，夏休み明けに入院した．何とこれが小児病棟であった．筆者は中学生なのに，母親が病児の側で，簡易ベッドで寝泊まりする小児病棟であった．周りは幼児が多く，とても勉強するという雰囲気ではない．抗生剤の点滴で片手は常に奪われていたこともあって，じっくり安静にしていようと決めた．ある時，同室者の小学校低学年の子が，
「卵焼きを作って来てほしい」
と付き添っている母親に甘えていた．筆者も，
「卵焼きを……」
と面会に来た母親につぶやくようになっていた．まったく情けない

ものである．

　何とか 3 か月ぐらいで退院した時には，すでに冬のジャケットが必要な季節であった．次の年の夏には，とうとう心臓の手術をするために再入院することになった．以前の入院とは異なり，夏休み中に手術をしておこうと考える同世代の子が何人も入院していた．

　そのころ，病院脱走事件の首謀者となった．父親がよく駅前でおでんを買って来てくれたので，病室の子と一緒に分け合って食べていた．病院給食のほかにもいろいろ食べたい年ごろだったので，父親が面会に来てくれない時には，自分たちで買いに行きたくなった．とてもわくわくした．トイレでこっそりとパジャマを洋服に着替え，すでに心臓の手術を終えた患者が 4 人，駅までぶらぶらおでんを買いに行った．心臓が悪いので，みんな全力で走ったりはしない．自分の無理はわかっていた．その時のおでんの味はすでに忘れてしまったが，楽しかった入院体験の思い出である．その他，一緒に入院していたちびっこたちをプレイルームに誘って急に電気を消し，
「お化けだあ」
と言って逃げて来たり，楽しく患者生活ができたものだった．

　そんな患者体験からか，入院したり在宅療養したりするのに，「病気を治すことだけ考える」というのは，とてもじゃないがやりきれないことを筆者は身をもって知っている．看護婦になってからも，どうしても，看護計画に「疾患の治療上必要なこと」とは別に，入院生活をどう楽しく過ごせるかをいつも考えてしまった．そのために医者とトラブルも起こした．医者は自ら立てた治療計画を看護婦にも当然尊重もしくは従ってもらいたいと思う．看護婦の看護計画も，治療計画同様尊重されるのならともかく，あくまで治療計画あっての看護計画であり，日々の看護の実践であった．受験勉強を控えて，焦っていたネフローゼの患者に，筆者は大学時代国立療養

施設のネフローゼ患者に勉強を教えるためにボランティアをしていた話しをした．この時，
「なぜ，そんな話しをしたのか」
と大問題になってしまった．病気を治すことを第1に考えるからこそ医者への絶対的な信頼が持てるし，看護婦も当然その価値観を共有するというのが，チーム医療にとって大前提であるという考え方であったからだろう．筆者の行為はチーム医療を踏みにじる行為と考えられてしまった．しかし，その患者は家族に相談して転院を選んだ．医療サービスの選択に際して，慢性疾患を持つ学童の場合には，学業を継続できるということも選択基準の1つになり得る，ということを学んだ出来事であった．

2．看護学生時代の出会い

看護学生時代に関心を持っていたのは進行性筋ジストロフィー患者のことであった．彼らの多くは小学生ぐらいで下肢の機能障害が見られ，しだいに全身の運動機能が低下し，車椅子生活，寝たきり生活，最期は人工呼吸器をつけるかどうか，という選択を余儀なくされる．

先ほど紹介した国立の療養所はこの病気の患者も多く，彼らは同じ病気の仲間とともに精一杯機能訓練をして，学校に行くということにこだわりを持っていた．患者たちはよくお互いを知っていた．

中学生や高校生の話題と言えば恋愛．だれがどんな女の子が好きなのか，嫌いなのかをよく知っている．また，彼らは家族と何年も離れて，仲間と一緒に闘病生活を送っていた．筆者は彼らと過ごすことが好きであった．発声練習の合唱曲は，当時ヒットしていたチェッカーズの「星屑のバラード」だった．涙をこらえながら彼らと一緒に歌えることがうれしかった．

この療養所に就職したいと思った．ある時，何年も入院している20歳の脳性麻痺の患者に相談してみた．彼は筆者に次のように答えた．
　「どこか別の病院で医療的なことを学んで，それからこういう療養施設に来ても遅くないよ」
　彼の言葉は聞き取りにくいものであったが，ずっとここに暮らしている患者の立場から，筆者の進路について相談に応じ，助言をしてくれたことをとてもうれしく感じ，今でも彼に助けられたなあと思っている．

3．保健婦になって

　保健婦になったのは看護婦を4年やった後であった．1人1人の人にもっと関わるには，以前考えていた療養施設もいいけれども，自宅に訪問できる保健婦もいいかもしれないと思ったからである．
　当時〔1989（平成元）年〕東京都の多摩地域と島しょの保健所では，精神保健相談員（現精神保健福祉相談員）がいないため，精神保健業務を保健婦が担っていた．外口玉子先生の本を読み，保健婦は「精神科疾患を持つ人が，できるだけ住み慣れた地域で生活を継続できるように」と関わっていることを知った．入院治療させるためではなく，地域で暮らすために必要な場合に限って医療を活用するという考え方で，精神科医もチームの一員となっていた．
　保健婦は家庭訪問して得た情報を必要に応じて情報提供する．医師が医療の導入を判断するに際して，その情報次第で答えは大きく変わることがある．もちろん医師も患者を診るが，普段がどのような状況であるのか，病状と生活状況を関連づけた情報を持っていて，医学的な知識を踏まえて，医師にわかりやすく系統立てて説明できるのは，看護を学んだ保健婦だと思っている．

保健婦をしていて忘れられない人は何人かいる．その1人Mさんは当時20代前半．家庭訪問したら，どうしても入院させなくてはいけない状況だと思われた．精神的興奮がひどく，家族もくたくた．傍から見ても，とても人間的な生活が送れない状況になっていた．いつもCDを大切に聞いていたのに，なぜか部屋にばらまかれてしまっていた．ご飯も2日間食べていないと言う．枕元には桃の缶詰が置かれていた．かつて心臓が悪く自宅で寝ていた幼少時の自分の枕元とだぶって見えた．彼女は言った．
「桃の缶詰を食べてくれたら外来に一緒に行ってもいい」
しかし，
「それを食べたら，生のきゅうりも食べてほしい」
と言う．桃は好きであったので食べたが，きゅうりは食べる気にならないと話した．すると，
「マヨネーズをつける？」
と問う．しばらく考えた．彼女はここ数日眠ることができないでいると言う．

　受診に付き添う時というのは，病状の変化に驚いてしまうと同時に，
「この前まで，一緒に作業所のお祭りで綿菓子を食べていたのに……」
というような，専門職というより1人の友人のように，がっかりする気持ちを味わう．
　そんなふうに混乱している筆者と一緒にMさんは受診した．4センチ近くサイズの小さい筆者のスニーカーを，なぜか彼女はつっかけて履いて行った．雪も降っていたからきっと足が冷たかっただろうなあと思う．22.5センチのリーボックのハイカットの運動靴であっ

た．

　先輩保健婦から，
「入院させた後，できるだけ1か月以内に面会に行くように」
と言われた．面会に行くと，ピンクのリップをつけておしゃれになっていた．同室の入院患者と仲よく迎えてくれた．知的障害もある同室患者に真似されるのが決して嫌ではないようでにこにこしていた．
「また作業所に連れて行ってください」
と話す．引っ越して新しい作業所に通うことから筆者との出会いが始まり，編み物もしたいと言ったので，保健所の1部屋で一緒にやっていた．いきなりセーターを編んでいたのは，ちょっと頑張り過ぎていたのかもしれない．でも，確か彼女は初心者ではなかった．
「退院したら，慣れるまたまた作業所に一緒に行こう」
と約束して帰って来た．

　看護婦や保健婦をしてきたこれまでの筆者は，援助というよりも，「患者や障害者のさまざまな場面につき合っていた」ようだ．「入院につき合う」という表現はできても，「入院の説得をした」というような展開にはならない．説得というのは，始めから目指すべきゴールが決まっている．先の受診の付添に向けた訳のわからない話し合いは，桃の缶詰を食べながら，
「精神科の医者に見せたほうがいいだろうなあ」
という気持ちから話し合いをする．なにせ保健婦は，すでに入院しか方法がなさそうな興奮状態に遭遇しても，縛ってしまうとか，注射を打って落ち着かせるといった術を持っていない．医療につながるひと時につき合うとしか言いようのないあり方しかできない．時には訪問した家で，時には保健所で，時には警察署で，ああでもない，こうでもないと話をしながら，どう見てもこのまま普段の暮ら

しが続けられないように見えるということを，くり返し，くり返し話題にしながら，
　「一緒に行くから，精神科医に診てもらおうよ」
と勧める．パトカーに一緒に乗ってもらって病院に行った時は，精神病院の外来に早く行かなくちゃいけないということと，パトカーに乗らなくちゃいけないということのダブルパンチであった．何とも根気とユーモアのいることである．

　入院ということになれば，それまでの暮らし方は一時棚上げとなる．そのことは，筆者自身が3度の入院体験で理解している．勉強も友達づき合いも中断してしまう．でも，入院によって得るものもある．健康の回復とそこでのおもしろい出会いもあるかもしれない．

　新たな出会いもあれば，それまでつき合いのある人との別な意味での交流もあったりする．

　しかし，精神的なダメージを受けて鬱状態になったり，神経質になったりすることはよくあるが，精神科疾患を持って入院したことがない筆者には，精神科入院の意味をほんとうに理解し，共感することは難しい．病気が違うということもあるかもしれない．とても同じように感じることは難しいということを，いつも頭に置いている．

4．セルフヘルプ-グループの思い出

　ある時，私は「これからどうしよう」という漠然とした不安感に襲われた．すると，職場の先輩がセルフヘルプ-グループに行くことを勧めてくれた．職業柄1度自分もじっくり関わりたいと思っていたので，自分自身の必要から，セルフヘルプ-グループに関わるようになったこの機会を大切に過ごそうと思った．ある小規模作業所の女性職員が，

「自分のグループに来ないか」
と誘ってくれた．そのグループはオープングループ（だれかの紹介などがなくても，グループを必要とする人が集まれるもの）で，家族問題について悩み，解決に困っているという動機づけを大切にしていた．
「ようこそ」
というメンバーの言葉は救いであった．自己紹介をして，グループの仲間の話を聞くうちに，世代がわりと近く，悩みの深刻さは微妙に違うようにも思われたが，それぞれが家族問題にどうにも対処しきれない苦しみを持っていることがわかった．そして，ミーティングの最後にみんなで声を合わせるのが，何ともほっとするひと時であった．
「神様，私にお与えください．自分に変えられないものを受け入れる落ち着きを．変えられるものを変えていく勇気を．そして，2つのものを見分ける賢さを．有難うございました」
　当時は，「周囲の人に自分をありのままを受け入れてもらいたい」という思いを持ちながら，「自分は変えられない」ということにこだわりを持っていた．しかし，「自分は変わらないけど，あなたは変わってくれて，このままの私を受け入れるべきでしょう」というたいへん自分勝手な考え方は，当然いつか壁にぶち当たる．息苦しさとか，漠然とした不安という感じが自分をとりまく壁のように襲ってきた．「自分に変えられないものを受け入れる落ち着き」が足りないのだと，ミーティングに通ってやっと学んだ．今思うと，「変えられる自分を変えていく勇気」が必要であったという見方もできる．落ち着きと勇気のどちらを選ぶかは，人それぞれなのかもしれない．変え得ることができるのは自分であり，変えられないことを受け入れるべき対象は周囲の人なのだろう．どちらも得ようとしたり，どちらもあきらめたりしては物事は進まない．セルフヘルプ-

グループに出会って，筆者は周囲を受け入れ，自分に勇気を持って進んでみることが，何らかの変化へとつながるものであることがわかった．

そのグループには，個別のカウンセリングを受けながら，グループでは別な視野から考えようとしている人もいた．筆者は職業柄カウンセリングがどのようなものかを知っていた．セルフヘルプ-グループ体験での癒され方と自然に問題に向かって行く力の湧く体験とは，こういうものだということを体験して初めて理解できた．「1人の当事者」としてセルフヘルプ-グループに座り，うつむき，話を聞いた．他の人の話に思わず涙ぐんでしまったり，動揺することもあった．

ミーティング終了後のお茶会もよく行った．ほとんど初対面同士なのに，グループミーティングで深い話を聞いた後で，そのことについてあれこれ言わずに余韻を楽しむといった温かな心地よさがあった．

当時たまたまお茶会で撮った1枚の写真を見ると，まさに寄り添ってじゃれ合う猫のようである．その会は居心地がよく，間もなく会計を引き受けることになったこともあってよく通った．しかし，紹介してくれた知り合いにはそこで会うことはほとんどなかった．拒食症になっていたが，一人暮らしを始めて，あれこれ生活の中で困ってしまうことを話す人，子供のころの虐待体験を時々話す人，夫婦の問題を話しながら，自分にも相手にも家族問題があったことをここで話しながら気づく人など，いろいろなことが語られた．

もちろん，精神科に通院している人もいた．彼らと一緒に，自分のことを話して，ともに回復しているんだなあという不思議な感覚を味わった．精神科医療を受けている人も，受けていない人も，家族のことで悩み，立ち行かなくなったという状況がみんなに共通していた．そのことで，そこにいること，話をしたり聞いたりするこ

とが許されていた．

　1年くらいグループに通って，自分の問題について，落ち着いて受け入れるべきは受け入れ，勇気を出して変えるべき生活を切り替えたところ，それはそれで，結構しんどいものであった．そんな時も，セルフヘルプ-グループの似たような選択をした仲間が，
「私は1か月目，あなたは……」
と声をかけてくれた．また，お互いにグループに行けば，会うことができて，ほっとする気持ちを持てた．

　だんだん仕事が忙しくなってしまい，時々しか行けなくなると，会えると思っていた人と会えないことが多くなり，足が遠退いた．生活の変化にもしだいに慣れていった．受け入れなくてはいけないと思って，意識して落ち着きを得ようとしたのが，いつしか別の楽しみを見つけて，グループのことがしだいに意識から遠くなった．

　でも，この時のセルフヘルプ-グループの支えがなかったら，自分で人生を前向きに考える勇気を持てなかっただろう．変わってくれない周囲にいらいらしながら暮らしていたことであろう．人にはいろいろな人生の選択があるが，そうした機会に，何とか前に向かって歩くための支えとして，セルフヘルプ-グループというものに出会えるかもしれない．家族や友人，職場の同僚とは違う，ともにいると心地よいと感じるどこか似たような傷を持つ仲間との出会いがそこにはあって，温泉のような心地よい温もりをもらえた．この温もりは精神的な家族みたいなものであろうか．人が充電して成長するにはセルフヘルプ-グループが必要となることがあるのではないかと思う．

　筆者の立場は，① 原体験からセルフヘルプ-グループにこだわる，② 専門職としての立場から，という2つの側面からセルフヘルプ-グループの支援を改めて考察している．どちらが先なのか，あるいはどちらが主流なのかと問われるかもしれないが，自覚的な

セルフヘルプ-グループの原体験は紹介したようにすでに保健婦をしていた時であり，どちらかに偏る立場というのではなく，2つの側面からセルフヘルプ-グループを見ていると思っている．

註1
　ピアサポートとは，同じ病の体験者がその体験と関心に基づいて，仲間が仲間を支援することである．自分の体験が活かされたり，他者のために役立つことができる機会となり，相互にエンパワーメント（力の獲得）をもたらす．

第 1 章

精神障害者が語る現状
と
専門職への期待

本章ではセルフヘルプ-グループに価値を置き，自分たちの活動と自分史とも言うべき半生を語ってくれた2人の精神障害者のインタビューを紹介する．

　まず，研究の主旨，聞き取り内容についての説明をして，それに了解していただき，面接や電話による聞き取りを行った．そして，記録化した原稿を彼らに郵送し，それを見ながら再度話を聞いたり，電話で補足してもらったり，原稿そのものに赤ペンで加筆修正してもらったりという作業を，2〜3回くり返している．
　こうしたやりとりは，事実やその時の彼らの思いを，できるだけ彼らの表現で記載するために，彼らにも協力してもらったのであるが，このことは同時に多大な負担もかけていたことになる．ここに記述されている事例は，そうしたやりとりによって，彼らの言葉の持つ意味や内容をできる限り忠実に言語化しようと試みたものである．そのため，精神障害当事者のインタビューを事例とした【事例1】および【事例2】は，それ以降の事例の記載の仕方とは，どうしてもニュアンスが違ってしまう．【事例1】および【事例2】は，あくまでも，事例の語り手は，仲町さん（仮名）であり，高梨さんなのである．【事例3】以降は，事例を紹介しようとする筆者が語り手となっている．そうした違いをあらかじめお断りしておきたい．
　「なぜ，統一しなかったのか」といった質問があるかもしれない．筆者も【事例1】および【事例2】については，表現の仕方に悩んだ．そして，インタビューをした後，数年経った今，彼らの表現をそのまま使用することの意味に軍配を揚げることにした．その主な理由は，「彼らの人生の主役は，やはり彼らであるから」という至極当然の答えである．
　筆者も自分の人生の辛い時期に切実にセルフヘルプ-グループという体験を求めていたし，そこで得られた体験的理解を自分のこと

ばで序章に記載した．自己体験を開示することを提案したのは本書の編集者らであったが，筆者はこれをすることで，改めてこの第1章に登場する2人の体験的理解により近づくことをさせてもらえたと思っている．

　筆者は，この2人の所属するセルフヘルプ-グループに専門職として常時関わっている立場ではない．両者のグループに何度か参加したことはあるが，あくまでもセルフヘルプ-グループのメンバーである彼らのインタビューという目的に限定したものである．インタビューに当たって，大まかなインタビューガイドを用意し，自分史とセルフヘルプ-グループについて語っていただくよう，同様に説明したつもりであったが，実際にインタビューを始めてみて，しだいに2人のインタビューの方法に違いが生じてきた．

　初めに紹介する仲町治夫（仮名）さんは，テープレコーダーに録音することを提案し，2台も持参してくれた．1つは自分が聞くためのもの，もう1つは筆者が聞くためのものであった．彼は準備が不十分な筆者を，力強く援助してくれたのであった．彼は自分のテープを聞いた後も筆者の文章を添削してくれた．添削箇所が多くて，たびたび会って話を聞いたりもした．
　もう1人の高梨文雄さんは，インタビューに取り組む以前からよく知っている方で，ここで正直に告白すると，彼の初回インタビューは，実は電話でのインタビューという方法になってしまったのである．ちょうど，当事者へのインタビューをしようということになる直前に，筆者が編集委員として携わっている精神保健ジャーナル「ゆうゆう」（季刊，萌文社）の取材（フレンズコミュニケーションというセルフヘルプ-グループの取材）に協力してもらっていたということもあり，ついつい忙しさから，甘えさせてもらったのであ

る．

　このことは，後にご本人から再三忠告された．当然である．仲町さんは実際に対面で話を聞いていて，高梨さんは電話でのインタビューであるのだから．「相手を尊重する」ということが，こうしたことに反映してしまうとしたら，気安さという罠も，時々注意しなければならないだろう．

　筆者は，保健婦時代（東京都中部総合精神保健福祉センター勤務のころ）に，高梨さんの所属する連合会が発行する機関誌（ニュースレター）の印刷・折り込み発送作業を手伝ったりしながら，高梨さんの悩みを聞いたり，雑談をしたことがある．高梨さんの声ははっきりと通るし，筆者も知りたがりの人間なので，ついつい話しに夢中になって，しばしば手が停まってしまい，聞き入ってしまったものである．

　高梨さんのセルフヘルプ-グループ活動について何らかの機会にその後も引き続きインタビューさせてもらっている．このインタビューの1年半後に，筆者は精神保健ジャーナル「ゆうゆう」の取材として，2000（平成12）年秋に開催された全国精神障害者団体連合会の沖縄大会に参加した．そこで，高梨さんは1つの分科会の司会を務めていた．筆者はその分科会に参加し，取材させてもらった[1]．すぐに原稿を書いてしまわないと，取材メモだけでは，臨場感や印象がしだいに薄れてしまうため，できるだけ1週間以内に活字にして初稿を作るようにしている．この時も司会者であった高梨さんに内容確認のためにさっそく原稿を送った．すると，彼は，
「それに刺激されて，依頼されていた家族会ニュースに掲載する沖縄大会の原稿を，さっそく書いてしまった」
という．後に，高梨さんの書いた分科会報告のコピーも送ってくれ

た．お互いの力が，どこか相乗効果をもたらし合うように思う．

　高梨さんは昼間は活動が忙しく，自宅に電話しても留守であることが多いため，年の瀬が迫るある晩に，原稿の読み返しを頼むために電話をかけた．
「今年のお正月は田舎に帰らない」
と言う．私も実家にはなかなか帰らないほうであるが，
「母親が高齢で手づくりの雑煮がもう食べられないのだ」
という高梨さんの話を聞いて，思わず，
「私がボランティアをしているグループホームで，年越しそばを一緒に食べようと誘われているので，一緒に行きましょうよ」
と誘ってしまった．

　さて，仲町さん（仮名）も高梨さんも，ともに都道府県の精神障害者団体連合会の会員である．連合会の活動は本書の**【事例１】【事例２】**でも紹介しているが，都内のセルフヘルプ-グループ相互のつながりを図り，普及啓発活動，行政への陳情活動，行政の審議会に委員を送るなど，運動体としての機能を築いている．彼らは連合会に関わりながら，一方で，専門職から独立したセルフヘルプ-グループ単会活動を重要と考え，自分たちに必要なセルフヘルプ-グループを身近に充実させようとしている．

I
病いを持ちながら社会に開かれるということ

【事例1】

1. プロフィール紹介（病歴・生活歴・医療に対する価値観）
2. いくつかのセルフヘルプ-グループ体験から
3. TKSミーティングの始まり
4. TKS（体験交流集会）の特徴
5. 「当事者ではない人がいると話しづらい」という発言
6. TKS活動の一時解散の理由と関連する親会の休会理由
7. 当事者だけで集まることから「開かれた世界」へ
8. 精神障害者のセルフヘルプ-グループに向く運営方法

　【事例1】は精神障害当事者の生の声を元に，記録化したものである．従ってここからの主語は仲町さんである．大変臨場感のあるライフストーリーから病いを持った苦しみの中からひとつひとつ手に入れていったセルフヘルプ-グループ観とでも言うべきものが読み取れるであろう．

1．プロフィール紹介（病歴・生活歴・医療に対する価値観）

仲町さん（仮名），1959（昭和34）年生まれ，男性．

中学1年で不登校となり，小児精神科医療機関に1，2度通院をした．13歳から27歳までの14年間自宅に閉じこもりがちとなり，家庭内での暴力，鬱状態をくり返し，27歳から3年間，K精神病院に3回入院した．いずれも3か月から1年足らずの期間である．現在の病名は「境界例人格障害」（障害者手帳の診断書より）である．

30歳で退院するころ，家庭内復帰は困難が多いだろうということになり，単身生活をしながら就労を目指すことになった．「家に帰りたくないため，働かなきゃいけない」という気持ちで，入院中から就職活動を試みた．いくつかの職場に出会った後，29歳の時にホテルのレストランの仕事（アルバイト就労）を1年くらいした．その翌年から現在まで，印刷関連の事業所で働いている．職場には障害について明らかにしている．現在は社会福祉施設の紹介で，J精神科クリニックに通院し薬物療法を受けている．医療の必要性については，現在の就労生活に必要な体力と判断力を保持するために，また，安定的な睡眠を得るために今のところ睡眠導入剤が不可欠であると考えている．日常生活も，必要な睡眠時間を得るために，夜9時には床に入るようにし，休日の過ごし方もできるだけ休養をとるように自己管理している．

2．いくつかのセルフヘルプ-グループ体験から

K病院入院中から，若い院内患者が参加できるデイケアのようなグループに週1回参加していた．そのグループには主治医とソーシャルワーカーも参加していた．活動内容はレクレーション中心で，ミー

ティングはほとんどしていなかった．退院してからも遊びに行っていた．

　最初にセルフヘルプ・グループに出会ったのは，歴史のある神奈川県の初声荘病院の患者会「東京あすなろ会」である．T大学病院分院通院中の28歳のころであった．

　この会にはK病院入院中に知り合った人に連れて行ってもらった．病院の外で病気の人と病気の話ができる場所があるということが画期的で，新鮮な感動があった．それまでは病院に行かなければそういう話ができないと思っていた．しかし，会に政治の好きな人がいて，選挙の時になると，

「○○党を応援してください」

というような話をしていた．グループでそういうことをするのはちょっと違うのではないかと思い，行くのを止めてしまった．

　「社会参加拒否の人たちのグループミーティング」という会が，週1回病院内で行われていることを主治医から聞いた．T病院の治療グループである．「自分みたいな登校拒否の人と出会いたい」と思い，T精神科医のやっているこのグループに参加するようになり，病院の事情でグループが閉鎖されるまで通っていた．しかし，グループ閉鎖のショックで3度目の入院になった．それだけグループになじんでいた．親友と思える人にも出会うことができた．しかし，この親友とはある事件で怖い思いをして逃げるように縁を切ってしまった．このグループには，20代から30代の同世代の仲間5，6人と精神科医1名，心理職1名が参加していた．グループ終了後，近所の喫茶店で話をしたことが楽しかった．ミーティングの話題やそのほかいろいろな話をした．

　内科に入院する肝臓病患者のうちたびたび病状を悪化させている

人たちは，飲酒の問題を持っていることがある．AA（Alcoholics Anonymous）の回復者であるYさんは回復者という立場で，アルコール問題について，院内でインターン（研修医）を対象としてレクチャーをしていた．それが大変好評で，翌年院内にアルコール依存症者のための治療グループができた．その話をT医師から聞いて，当時一人暮らしをしていて大量に飲酒することもあったことから，自分も参加した．そこは，お互いにどんなに不幸な状況であるかを話す場所という印象で，とにかく暗かった．重い話ばかりして，こんな死んだような話をみんなで話していて，何が楽しいのだろうと思った．そういう思いをしている人が集まっているから，お互いに自分もそうなんだと思う出会いがあるのだろう．でも，私の場合はそこまで底をついていなかった．ほんとうのアル中ではなかったということなのだろう．1回で行かなくなった．

　閉じこもっていた時期にはなかったことだが，病院に入院してから入院中の人とつき合い，人間らしい生活がふたたびできるようになった気がした．それまで閉じこもっていて，友達もいなければ話し相手もいないし，ずっとだれとも口をきかないという生活をしていたから，病院に入院して生まれ直したような気がした．そういう人には病院に入院するということが必要なんだと思う．でも，退院するとそういうつき合いは離れてしまう．

　「東京あすなろ会」に行った時には，すごく新鮮に感動した．健康な人とは共有できない話題を，仲間との話では共有できた．
　「私もそうよ」
　「自分もああだった」
という話ができるところがいいと思った．自分1人じゃあないなあというのが大きい．孤独に悩んでしまう．1人で悩んでいて，実際そんなふうに悩んでいる人が目の前にいると，ああ自分だけではないんだな，この人もそうなんだ，という気づきがある．

「社会参加拒否の人たちのグループミーティング」で出会った親友の父親は飲酒問題があった．親友が「親や兄弟姉妹に依存症者のいる人のためのセルフヘルプ-グループ（ACのグループ）」に通い始めたので自分も行ってみた．そこでは，グループメンバーが自分の話に涙したり，怒り始めたりというように反応する人がいることに気づいた．「自分はここにいる人とは違う」という意識を持ち始めた．アディクション問題を抱える家族の特徴の1つとして，みんなが居心地がいいかどうかを気にする傾向がある．自分のせいでみんなの気分がそうなっているかどうかを大変気にする．みんながいい気分でいてくれないと自分もOKになれない．自分はその点がみんなとは違った．だれかが言ったことに，
　「自分はこうだ」
と話したら，みんなが反応してしまった．泣き出す人や怒り出す人もいた．

　アルコール依存症の治療グループには，T病院の精神科医が紹介してくれたが1回で行かなくなった．しかし，AAの「ヤングミーティング」には1年近く参加していた．アルコール問題があるとは思ったが，連続飲酒の経験もなく，そこでも「仲間ではないなあ」と思った．精神科の病気を持つ人のダブルクローズドのAAミーティングもあり，行ってみたが，そこの参加者はほとんどが躁鬱の人で飲酒問題のある人が多く，「自分は境界例人格障害だから違う」と思って行かなくなった．

3．TKSミーティングの始まり

　1回目の入院の後（27歳）から親に仕送りをしてもらって単身生

活を始めたが，お金をもらう代わりにものも言われる．そういうことでは自分の病気によくないので，どうするか迷った．しかし，結局，病院を早く出たい気持ちが強く，親戚の人に仕送りをもらいながら就労を目指して退院した．2回目の入院の後はホテルのレストランでアルバイトをした．そのころ「社会参加拒否の人たちのグループミーティング」が病院の都合で解散されることになり，そのことに対する憤りとショックで調子を崩した．仕事もおじゃんになり，死にたくなって入院を勧められ，3回目の入院となった．この時A作業所に通所を勧められ，退院後A作業所に通所するようになった．この作業所には共同住居が併設されている．そこで行われていた「あしたの会」に参加するようになった．作業所に通所している人も福祉ホームに入居中の人も参加していた．顧問医1人と施設の看護職も参加していた．その後，この作業所のショップを会場としてTKSミーティングを始めるようになった．

　TKSミーティングは，1993（平成5）年に幕張で世界精神保健連盟の国際会議が行われた年の秋に，運動体としての活動を主とする連合会に付設するように誕生した．名称も「体験・交流・集会」の頭文字をとってTKSになった．連合会の活動として，行事部会，後にスポーツ交流部会，学習部会などもできた．

　連合会の月例会は集会の形式が会議であり，参加者個人のミーティングという形式ではない．人と人が出会う場所ではなく，連合会として何をするのか，どうしていくのかを会議で決めていく場であった．ニュースレターでミーティングの月例会を知って，初めて来た人は戸惑った．連合会が何だか知らないし，これまで連合会がどうしてきたかも知らず，仲間と出会いたいなあと思っても，自分の話もできないし，仲間と出会ったという思いも感じられない．所属と名前を言うだけ．自分たち精神障害者の仲間に出会えると思って来

た人たちが毎回いたが，つながってくれなかった．

　初めて来た人は，団体要望をどうしていくかとか，団体の組織をどうしていくかといった話をしている中には入れない．連合会は運動としての活動体であるため，当然その中心的人物は固定化しやすい．初めて来た人には，
「続けて来ればわかるようになると思います」
と応えた．その人をみんなで歓迎したが，その人が何を考えているか，感じているかを聞かせてもらうことはなかった．

　最初のころは毎月集会をやって，その内容をニュースレターで原稿にして，切手を貼って封筒に入れるという作業をみんなでやっていた．今ではA作業所にその発送作業は委託している．最初はみんな手弁当でやっていたが，第3種郵便にすることをきっかけに事務量が増え，定期的に事務所に詰める人の交通費を出すということになると，だんだんみんなで集まって手づくりでというわけにはいかなくなった．組織になっていく時に何を大切にするのかということについて，意見が分かれることがある．

　そういう連合会の体験があったから，TKSを始めるようになった．心から仲間と思える人とミーティングができる会がほしかったし，これまで自分が参加したいくつかのセルフヘルプ-グループは，自分にぴったりくる会ではなかった．やっと自分が考えていた会を作れると思った．
　それまでのミーティングでは人の体験が，「似ているけど，その話，わかるんだけど違うなあ」と思うことが多かった．ところが，TKSをやり始めてみて，「その話，違うけど自分もそうだよ」と思うことがある．語られる体験は1人ずつ違うけれども，くくれるところ，共通項がある．同じことをやっているんだということが見え

てくるようになる．初めてTKSミーティングに来た人は，自分が治療グループに初めて行ったころと同じように，多分聞けていないのだろう．自分も耳ができてくるまでには，散々いろんなミーティングに行った．時間がかかることだと思う．

4．TKS（体験交流集会）の特徴

パンフレット「私たちTKSでは」には，どのような活動を目指しているかを紹介している．即ち，

① ここに集う私たちTKSのメンバーは，精神病からの回復を心から望んでいる男女の集まりです．

② 分かち合いのミーティングを通じて，自分を素直に受け入れられれば，問題にも立ち向かっていけます．

③ グループの仲間の間に感じる良心の力を信じ，すべてをゆだねて自分の課題に取り組んでいきます．

④ 私たちは自分たちを傷つけた人たちを許し，私たちが壊してきた人間関係を進んで修復していきます．

⑤ 私たちが病気を認めて回復を目指すなら，こころの健康は取り戻せると考えられるようになりました．

⑥ TKSのプログラムで元気を取り戻したので，1人ぼっちの仲間にもこの事実を伝える努力をします．

また，TKSの進め方は，セルフヘルプ-グループの本[2]に紹介されていたグループを進めるためのルール（例えば，売り言葉に買い言葉を言わないといったような）をモデルにして「12のルール」を作り，進行の仕方もAAグループのものを参考にした．即ち，

① 話すのは自分の体験談．

② 仲間の話をよく聴いて，途中でさえぎらない．

③ 話さないならパスをする．

④　席は自由にはずせる．
⑤　1人で時間を独占しない．
⑥　言いっぱなし，聴きっぱなしが基本ルール．
⑦　批評をしないで，聴く．
⑧　同席者の非難はしない．
⑨　政治・行政・時事問題の話や宗教勧誘はやらない．
⑩　タバコは喫煙コーナーで．
⑪　飲み物はいつでも．
⑫　ひとのプライバシーを守り，秘密は大切にする．
というものである．

　このようなルールをTKSミーティングで採用しているのには3つの理由がある．

　1つは，かつてルールがなく，時間を独占したり，時事問題をずっと話し，自分のことを話さない人がいた．当事者が集まっている自助グループなのに，どうしてそういう話をするのかと思ったことから．

　2つ目には，ディスカッションしないという条件が重要で，他人の話にコメントを加えないということ．コメントされると，「この話はこういう話である」という一定の見方を示し，話をしぼませてしまう．他人の話を聴く場合，人それぞれにいろいろな聴き方ができるのに，コメントが入るとそれが奪われてしまう．ある人に聞いたことだが，どこかの自助グループのミーティングで，

「はい．○○さんは××が言いたかったんですね」
といちいち司会が口を挟むところがあるという．

　3つ目には，他人に何か言われるなら話せない話もある．ディスカッションしないという原則があれば，そういうことも自由に言える．そういうことをミーティングの初めに約束しても，ピアカウンセリングを始めてしまう人が以前いた．しばらく来ただけで来なく

なった．司会がうまく回してグループメンバー間に信頼関係ができればいいが，そうでないと話す人が偏ったり，司会者が，
「どうですか」
と持ちかけないと話せなくて，帰ってしまう人ができてしまう．

5．「当事者ではない人がいると話しづらい」という発言

　連合会の月例会は，もともと精神障害当事者を中心としながらも，精神保健福祉センター職員や研究所職員などのサポーターがいたこともあり，当事者と支援者が協力し合う関係をお互いに作ろうと努力していた．仲町さんはTKSもそのような支援者と協力し合う関係でやれると思っていた．だから，ミーティングに支援者が参加することについては否定しない立場であった．
　ある時，1人のメンバーが仲町さんに言った．
「当事者がやっているミーティングに部外者がいると話しづらい．当事者であったら話せるが，部外者がいるなら話したくないことがある．部外者がいるとそういう話ができない」
　部外者を除いて，あくまでも当事者だけでミーティングをやりたいと言う．仲町さんとしてはサポーターには関わってもらいたい．でも，サポーターといってもいろいろな人がいて，一括りにはできない．上手に参加してくれる人もいる．
　次のようなこともあった．作業所の職員がメンバーを連れて来て，
「自分もここに入ってもいいですか」
と聞いた．ところが，みんなは，
「スタッフが入るのは嫌だ」
と言った．
　仲町さんがサポーターにしてもらいたいことは，まとめ役であった自分がもっとみんなにしてもらいたかったことと重なる．ミーティ

ングに来るメンバーが苦手とする事務局的な仕事，例えば，① 早い時間にミーティング会場に来て準備しておく，② 後片づけ，③ 買い物，④ 献金の管理などである．メンバーの中にはミーティングに「お客さん」として参加するのは歓迎であるが，自分が役割をとるという意識が乏しいのか，そういう意識がまだ持てないでいる人がいる．そういう人たちの中には，自分たちがやってもらいたいことはやってもらうけれども，ミーティングには入らないでもらいたいという考えの人がいる．確かに虫がいい話だけど本音だと思う．でも，自分たちのことなのだから，自分たちでやるのがほんとうだろう．自分たちの会という意識があるのか，ないのか．連合会の役員会でも，
　「TKSは仲町さんがやっている会」
と言われてしまっているけれども，もっと自分たちの会という意識がみんなに必要だろう．会の司会はできればみんなでしてほしかったが，引き受けてくれる人がいないためずっと引き受けてきた．他に引き受けてくれる人がいなかった．TKSのまとめ役を6年間担ってきた．サブのまとめ役もいたことがあるが，数か月で続かなくなり，1人でやっていることが多くなってしまった．
　「TKSにはどういう人が入れるのか」という質問をされて，ある人が，
　「医師から病気と診断された人がここに入れる」
という言い方をしたことがあった．でも，どうなのだろうか．閉じこもっている人でここへ来てから医療につながるという人もいるだろう．そういうTKSの使い方をする人がいるということを，その人に言ったけれども伝わらなかった．「元ユーザー」という言い方をする人もいる．精神科にかかったことがあるが，薬を飲むのを止めてしまったということなのだろうか．病気の症状がよくなってしまった人ということなのだろうか．それならここに来てミーティン

グに参加する必要はないのではないか．

6．TKS活動の一時解散の理由と関連する親会の休会理由

　いくつかグループを経験してきたが，グループには終わりがある．ずっと継続するグループはほとんどない．ACのグループでちょっと怖い思いをさせられ，病気が悪くなった．TKSもそうである．TKSが休会するころ，自分に絡んでくる人に身の危険を感じた．仕事がハードになり，通勤時間も長くなり，肉体的に辛いということもあった．グループのある土曜日も身体を休めないといけない．

　自分はTKSのまとめ役・世話役をやっていたが，「まとめ役・世話役もメンバーなのだ」という意識がみんなにあまりない．どうしてもその人に責任がたくさんのしかかってきて，それを背負い切れる人がなれるポストということになってしまう．まとめ役・世話役はみんなで輪番制でやるほうが望ましいと思った．自分が日程的に都合がつかなくなり始めたころ，「取り敢えず係を持ち回りで決めてやってみよう」ということを提案した．自分ができない時に，だれが，何をやるか，ということをみんなでいちいち決めてやってみようとした．その時，

「あなたがしっかりしないから，ちゃんとした会の運営ができないのだ」

と絡んできた人がいた．病気のせいもあると思うが，何を言いたいのかなかなかわからなかった．聞いているうちに巻き込まれていって，

「とにかくあなたの責任で会が続かない」

と言われている気がした．

　その人自身も会を頼りにしていて，会がなくなることが不安だっ

たのだと思う．それを自分が，
「会がこの先続くかわからない」
と言ったので，その人を刺激したのだと思う．
「もっとちゃんとやってくれ，という期待の気持ち」と，「あんたちゃんとやっていないじゃないの，という不満の気持ち」の両方をぶつけてくる人だった．

世話役をやっている人が一番恩恵を受けると思っている．みんなのためにこれだけできたという自負心や，みんなと一緒にやっていけるという気持ちも持てる．続けてやることでグループが生活の一部になっていく．でも，期待されるようなことはしていないし，この先もその人が思うような世話役は自分は担えない．その人と自分では，考えている「まとめ役・世話役」の意味が違うと思った．

以前，連合会にアルコール依存症の人が来て，もめた時のことを思い出した．その人が会に参加しながら集会を継続すると，他の人にどういう影響が及ぶかなあということを考えた．連合会は結局，半年間休会した．みんなすごく疲れて負担が大きかった．TKSでもこのようないざこざがみんなに影響するということでは連合会と同じである．連合会もまとめ役を「代表」と言っていて，代表権限で決めることもある．まとめ役や役員は，だれにでもできる形に作らなければいけないだろう．1人長けている人がいて，その人が独占して動いてしまうと，他の人ができないポストになってしまうそれを代わることができる人がいなくなると，会の新陳代謝がうまくいかなくなる傾向がある．新しい人が歓迎されるはずなのに，古い人がいつまでも残っていて，新しい人が入って来なくなる．連合会も10周年目であるが，10年前と変わらずそういう課題は消化しきれていない．課題として意識していない人もいて，代表ができるのだから代表に任せておけばいい，という考え方をする人もいる．

1年前に自宅が引っ越したこともあり，今度は自宅の近所で，働いている精神障害者が集まるセルフヘルプ-グループを作って，区民センターのような場所を借りてやってみたい．

7．当事者だけで集まることから「開かれた世界」へ

連合会は当事者も当事者ではない人も会員にしている．でも，いつの間にか，当事者が主体の会になった．かつて連合会のサポーターであったIさんとの関わりで逆差別ではないかと思える場面が何度かあった．その時からサポーターとは距離ができた．会則でも当事者の会費とそれ以外の会費が違っていたりするといったことが見過ごされている．

今は，当事者だけでやっている時代ではない．障害者運動を考えたら，「当事者だけ」ではもう古い．でも，サポーターの立場で考えていると思われる発言に対して，当事者の中で反応する人がいる．サポーターに決めつけられたと被害的に受け取る．当事者たちが社会に開かれていないし，自分たちで垣根を作ってしまっている．そうしたかつてのサポーターとの関わりの体験から，「当事者でない人に遠慮してほしい」というように考えやすいかもしれないが，それを乗り越えてほしいし，そこから開かれた世界があると思っている．

精神障害者の中には治ったり，回復したり，普通の暮らしをしている人たちもいる．そのような人たちの中で，「自分たち病気の人たちで固まっている人」と，「健康な人と混ざって馴染んでいく人」がいる．固まる人は何らかのコンプレックスを持っている．サポーターがセルフヘルプ-グループに参加してくれるということが，健

康な人と混ざって馴染んでいくための入り口になるかもしれない．社会の多くは健常者なのだから，自分たちのカラーだけでやっていくのではなく，みんなに伝わる，だれの中にも共通点が見出せるようになることは大切なことである．

　難しいところだが，「あくまで精神障害者だから」と主張する人と，こだわっているといっても悪い意味ではなく，障害者というアイデンティティによってその人が支えられている人もいる．その辺りは人それぞれである．でも，健康な人ともじょうずにつき合えるようになっていくということが，病気との距離ができていくことだと思っている．

　もちろん，病気になって，こんな思いをした，あんな思いもしたという話をすることも必要である．でも，次のステップとして，セルフヘルプ-グループを離れても大丈夫という，「ひとりだち」につながるようになってほしい．だれでも拠り所はほしい．最初は当事者だけの拠り所を求めたとしても，いつか社会の中で，健常者と障害者のどちらも含む理解者に救われることがある．

　その1つの例としては，職場で病気を明らかにしても，しなくても，つき合えるようになるということがある．例えば，薬を飲むということを考えても，人前で飲めるという人と，隠れて飲む人がいる．これは自分の経験でもあるが，同じような体験をした人は多い．病気を隠して働いていると，何か悪いことをしているように思ったりする．薬を人前で飲むにしても，
「何の薬を飲んでいるの」
と聞かれて，
「精神病の薬だよ」
と正直に言うのか，

「肝臓の薬だ」

と言うのか……人をだますという意味ではなく，敢えて馬鹿正直にならなくても，要領よくやり過ごすということもできる．健康な人はそれができる人が多く，精神障害者はそれができる人とできない人がいる．病気による頭の固さ，病気の人の性格なのだと思う．人から聞かれても嘘が言えないとか，頼まれると嫌と言えないとか……

そういうことは，場数を踏むと方便も使えるようになる．自分で自分を責めることがなくなっていく．そのようなこだわりから解放されるために，セルフヘルプ-グループでいろいろな人と出会って体験を聞くことは効果がある．経験することで慣れてくるということと，セルフヘルプ-グループで体験を聞くこと，どちらも自分で作ったこだわりという垣根から解放されることになる．

当事者が困っていること，苦痛に感じていることは，当事者ではない人（健康な人）も感じることがある．そういう共通点を見つけられる人は「開かれている人」，相違点が気になる人は「開かれていない人」である．開かれていたほうが楽に生きられる．共通点が見つけられる人は，社会の中にとけ込んでいってしまう．デメリットの少なくない当事者で固まるよりは，敢えて健康人の中にとけ込んでいったほうが自分も生きやすいし，周りからも誤解を受けにくい．差別される病気を持っている場合，固まることによってできる誤解がある．社会に飛び込んでいける力ができて，健康な人の中にどんどんとけ込んでいけば，差別されることも少なくなる．でも，社会の中でやっていける力は病状とも関連する．妄想がある人は，自分の被害念慮という病気を通して周りを解釈して，ゆがんだ鏡で周りを見てしまいがちである．

精神障害者でセルフヘルプ-グループに参加している当事者のう

ち，当事者ではない人とも共通点が見つけられるとわかってくる人は少なくないと思う．でも，それができない人もいる．

8．精神障害者のセルフヘルプ-グループに向く運営方法

　精神障害者は初めはやる気もあるし，人がよいからまとめ役も引き受けてくれる．しかし，継続するうちに負担がきつくなる．調子がいい時や悪い時があるという病気の特徴がある．やる気があったメンバーがまとめ役を引き受けてくれて，2か月後に調子を崩すこともある．調子の悪い時には最低これくらいでいいという自分自身のマネジメントができなくなると潰れてしまう．そう考えると，その時，その会に集まった人で，「今日はだれが，何をしようか」ということをみんなで話し合っていくというやり方が，自分たちには合っている．先のことはわからない．レールを引かないで，その日になって何をするかを考えるほうがいい．精神障害者には一番うまくいくやり方なのかもしれない．

　精神障害者は先々のことをあれこれ考える人が多い．自分もそうである．先々のことを決めておいたほうがいいと思って，自分がいない時にはだれが，何をするかを決めておこうとする．それがみんなに負担を強いてしまう．みんなも人の力の借り方がへたな人が多い．サポーターがいるのだから，サポーターをじょうずに使って利用するということは，自分たちにとってマイナスなことは何もないのに，自分たちの会だからということで自分たちだけでやろうとする．障害があるから自分たちでここはやるけど，ここはできないということを認めて，サポーターに手伝ってもらうというやり方，頭の切り替えができない．そういうことを察して，「ここをお手伝いしましょう」と一緒に手伝いながら，精神障害者たちが自分でもで

きることと，力を借りたほうがよいことを気づかせてくれるような支援がサポーターには望まれる．事務的なことをサポーターにやってもらいたいということとは違う意味のサポートである．

II
精神医療を受けた経験者だからできる社会的活動

【事例2】

1. プロフィール紹介（病歴・生活歴・医療に対する価値観）
2. 精神障害者に関わる専門職にひとこと
3. 院内患者会はそこに行けば顔見知りに会える場所
4. 「フレンズコミュニケーション」の始まり
5. セルフヘルプ-グループを支援する専門職にひとこと
6. 新たなセルフヘルプ-グループづくりへ
7. 精神医療を経験した回復者だからできる活動
8. バンクーバーの地域保健システムに出会って
9. 当事者が望むバンクーバーの救急システムとは
10. バンクーバーで具合が悪くなったら
11. 日本の生活支援システムの現状
12. 当事者活動が社会的に評価されるための戦略

　【事例2】も精神障害当事者の生の声を元に，記録化したものを主体に構成している．しかし，原稿作成の作業を進めるうちに，筆者も語りたくなり，ともに議論したり，確認し合ったことについて，削除してしまうのは惜しいと判断した．

　そこで，生の声の記録とは分けて，議論の中で筆者が確認し，理解した内容も合わせて記載することにした．

1．プロフィール紹介（病歴・生活歴・医療に対する価値観）

　高梨文雄さんは1950（昭和25）年生まれの男性．
　20歳代で過労による神経衰弱状態，無気力状態になり，何度かの精神病院の入院を経験した．
　入院時，薬物療法の副作用に苦しみ，抗精神病薬の怖さを知った．27歳から現在までの22年間，障害年金を受けている．29歳から38歳までの10年間は，薬を飲まずに精神症状に苦しんだ．38歳から10年間，2,000日，池袋東口にあるお寺に通った．そこで「南無妙法蓮華経」とお題目を30分唱え，このお題目が自分にとっての薬代わりであった．
　その後，薬がなくても症状が悪化することはなくなった．現在医療に定期的に通院していないため，自分は「元患者」だという認識である．ここ20年は薬を一切飲んでいない．主治医もいない．最初の10年間はイライラして苦しかったが，ここ10年は安らいだ気持ちで安定している．心の平和な状態がこんなに有り難いものかと思っている．

2．精神障害者に関わる専門職にひとこと

　保健婦や精神科医，精神科ソーシャルワーカーについては，「いい人」に会ったことがない．かつて具合が悪くなった時，保健婦に
　「薬を飲みますか，入院しますか」
と言われたことがあった．20年以上前から「薬」と「入院」という言葉がどうしても嫌である．
　外来通院していた時，病院のソーシャルワーカーに，
　「患者のたまり場のような場所がほしい」

と話したら，
「今日言って明日できるというものではない」
と言われた．また，同じ病院のワーカーに，
「高梨さんは障害年金を受けているので，障害者加算がつくからいい．他の患者さんは，生活保護だけで暮らしている」
と言われた．まるで精神障害者は生活保護だけで生きていくのが当たり前みたいな感じで嫌だった．

「人の病気は人によって救われ，癒される」ということを信仰によって学んだ．人の病気が癒され，救われるために，「人の助け」が必要であると思う．セルフヘルプ-グループも同じである．ピアカウンセリングも同じだと思う．そこでの「助ける人」は，専門職でも，当事者でもいいと思う．両者に共通する「病気の人を癒したり，救う時の態度」は，専門職であっても身につける必要がある．

バンクーバーのスタッフは身につけていた．それを身につけるためには，自分で経験するしかない．当事者から教えられるということもある．学ぶ姿勢が必要である．大事なことは当事者と同じ「目線」である．

かつて手こずらせた保健婦については，だれだって2時間も保健所でぐずったら，いくら保健婦でもまいってしまうだろうと今では思う．症状もあったとは思うが，溜まっていることを聞いてもらいたいという気持ちが強かった．そういう気持ちを受け止めるのではなく，話を聞いた後，
「薬を飲みますか，入院しますか」
と言われたら，そういう苦しみや悩みを保健婦に聞いてもらいたくてもできなくなってしまう．精神科の入院は，他の科の入院医療とは違って長期化しやすい．自由もきかない．だから入院したくない．

自分も連合会の事務所や自宅でピアカウンセリングをしてみて，聞くということがどれほど大変なことかがわかった．10年前は家族

や関係者に自分も電話で話を聞いてもらっていた．回復した今は，恩返しのつもりでピアカウンセリングをしている．当事者の「聞いてもらいたい」という気持ちがわかるので，相槌を入れながら聞いている．健常者にも，がまんして聞いてもらいたい．

3．院内患者会は「そこに行けば顔見知りに会える」という場所

　1983（昭和58）年2月，32歳で3か月間陽和病院（東京都練馬区）に入院した．1987（昭和62）年，陽和病院内の患者会を知った．病院の中にあるソーシャルセンターの中のデイケア・作業療法の部屋やダイニングルームを使って，当事者主体の会を運営していた．ソーシャルセンターの中には談話室があった．今は病院の入院患者がピロティ（中庭）のテラスを「くつろぎの場所」として利用している．
　外来の通院患者もそこへ行って，いっしょに話をしている．たまり場という感じである．福祉センターに行って集まるのと変わらない．そこに行けば顔見知りに会えるということに意味がある．
　陽和病院患者会は，1時間，患者同士が近況報告をしている．会長が司会をする．会長が当事者から話を聞き出そうとすることがある．仕切ってしまっていると仲間が思うことがあった．その会で自分は書記をしている．勉強しているつもりで，自分のノートにその時のことをまとめている．他のメンバーの話を聞きながら，「他のメンバーは，こんな時，こういうふうに考えるのか」ということを考えるので勉強になる．当事者といっても，体験は1人1人違う．

4．「フレンズコミュニケーション」の始まり

　地域の患者会である「フレンズコミュニケーション」は，1995（平成7）年4月に，バンクーバーに行った障害者の有志であるF

さんとKさんが中心になってできた．

　病院患者会の中で当事者が中心に運営しているところは少ない．当事者運営にこだわって，自分の居場所を求めて来る患者が，集まって自由に話ができる場所を地域に確保したかった．当事者以外に家族や関係者も参加している．理想は当事者が運営の主体になることと考えているが，現状では大変困難なこともある．会に参加するみんなの体調もある．

　これまで会の主な活動内容は，月2回の例会である．形式にとらわれないミーティングが中心の例会である．いくつかの輪になって話し合うこともある．例会議事録をだれかが書くというのは負担になるので，会が終わるころにノートを回して，近況報告をひとこと，ふたこと書いてもらうようにしている．

　以前，世話役であるFさんとKさんが，患者会が運営主体となる作業所を作るために，行政の補助金の申請について窓口に相談に行った．担当者の，

　「なぜ，当事者が作業所を作る必要があるのか」

という質問に対して，Fさんは，かつて精神病院の入退院によって苦しんだことや，その結果，自傷行為により現在身体障害者となったことなど，これまでの病者としての体験を涙ながらに語った．それがかえって担当者に不安を与えてしまったようだ．現在，会の活動の代表者はKさんになっている．

　Fさんは，自分が体験した日本の医療があまりに悲惨なので，バンクーバーの精神医療を見学するツアーがあることを聞き，自分も行くことにしたという．そして，帰国後，まだ入院している仲間を助けたいという気持ちからこの会を作った．

　今後は，権利擁護活動や相談活動をしたいと考えている．例えば，入院中の人から要望があれば，病院を訪問して話を聞いたり，退院するとなると単身生活ということになるが，それはとても難しいと

いう人には，自分たちがグループホームを紹介したり，ショートステイを試してみてはどうかと提案するという活動である．

5．セルフヘルプ-グループを支援する専門職にひとこと

　バンクーバーでも専門職は当事者組織に関わりを持っていて，彼らの関わりは，当事者に対する熱い思いが伝わるものであった．同じ目線で物事を考え，関わっている．ドロップインセンター（憩いの場）でも看護婦が同じ目線で関わろうと親身になって努力していることが伝わってきた．スタッフはみんな誇りを持っているし，生き生きしている．バンクーバーのメンタルヘルスケアチームのセルフヘルプ-グループでは，セラピストが普段着で来ていた．

　フレンズコミュニケーションは，そこに来た人が気軽にしゃべれることが重要だと考えているので，スタッフという立場の人はいない．「対等に話ができるのは当事者しかいない」という考え方は持っている．

　側にいてくれるだけでいい．見守っていてくれるということが当事者には大きい．

　クラブハウスはばたき（【事例６】で紹介）も患者会活動から発展しているが，そこに当時Ｔ病院のワーカーであった人が側にいる．いいなあと思う．専門職が当事者を引っ張ってしまうとつぶれてしまう．世話をしてしまうと主体性が育たない．同じ目線でやるということは，引っ張ったり，世話したりすることではない．

6．新たなセルフヘルプ-グループづくりへ

　東京都精神障害者団体連合会は1989（平成元）年11月に発足し，1990（平成２）年４月に発会記念会を行った．自分も1993（平成５）

年6月から活動に関わっている．1994（平成6）年10月全国精神障害者団体連合会（全精連）横浜大会では，住宅問題の分科会の司会として参加した．1997（平成9）年6月から事務局長をしている．

　当時から，東京都中部総合精神保健福祉センター^{註1)}の研修室を使って例会を行い，センターの職員に議事録の書記をしてもらっている．最終的には役員の目が入りまとめることになるが，最初の議事録を文章化してもらえて助かっている．ニュースレターの編集も編集委員はすべて当事者であるが，郵送する発送リストのタックシール印刷といった事務作業をやってくれることも助かる．

　これまでの連合会の活動の8割は当事者でやってきたと思っている．1990（平成2）年4月から週1回，1997（平成9）年から週2回，池田会館^{註2)}の6畳1間を借りて，当事者が電話相談を始めている．

　1999（平成11）年度連合会の会員は団体会員が27団体で，そのうち小規模作業所が15団体，セルフヘルプ-グループ（患者会）が12団体である．友人のNさんは連合会に関わりながら，地元K市で患者会活動をしている．ビルのボイラーの仕事を3年間続けながら，患者会活動との両立に努力してきたが，最近仕事がなくなった．仕事をしながら患者会活動の中心になっていることはたいへんなことだと思う．元事務局長のSさんは，1993（平成5）年秋から，憩いの場を都心の駅近くの喫茶店で週1回（火曜日）始めた．この会は現在区の補助金をもらうようになり，会場も区立障害者福祉センターに変わり，おしゃべり会を行っている．Sさんは必ずそこにいて，そこに来た当事者の話相手になっている．

7. 精神医療を経験した回復者だからできる活動

　高梨さんは時々筆者に手紙をくれる．とりわけ筆者がセルフヘルプ-グループに関心を持っていることを伝えてから頻繁になった．それもかなりの長文である．その1つに，精神障害者にとってのセルフヘルプ-グループについて書かれたものがあったので，本人了解の上で引用したい．

　セルフヘルプ-グループというのは，
① 世話してもらう側に慣れてしまった当事者たちが，患者会に来て初めて対等な立場でものが言えるようになる．
② 心の病を体験した者同士，お互い支え合い，ケアし合うことができる．
③ ケアされる側であった当事者たちが，主体性を持って仲間をケアする側になれる場でもある．
④ 一人前の人間として集える場でもある．
　これが私にとってセルフヘルプ-グループ活動の原点ではないかと思っている．
　私（高梨さん）の他にも医療不信というか，わが国の精神医療に対して，「よい思い出がない」という人は少なくない．だから，昔，具合の悪かった人たちがよくなって回復してくると，「医療や福祉をよくしたい」と思って患者会活動に走ることが多い．生き甲斐にもなってくる．医療に代わるもの，オルタナティブ活動とも言われるものが，回復するために必要になると思っている．その内容はたくさんあり，活動を利用する当事者の信頼を得るためにも，当然事務所をきちんと構えることが不可欠である．その活動の内容はおおまかに4つある．

【その1】相談活動

電話相談や面接相談，手紙などの文書による相談，グループミーティングなどがある．その場合，当事者への情報提供も重要で，障害年金や生活保護の手続きの仕方などがあろう．福祉制度について相談にのるためには，その勉強も必要になる．所得保障の考え方や精神障害者のための就労支援制度などもどんどんよくなってくるので，勉強していかなければいけない．しかし，知識を提供するだけではなく，当事者活動の本来の意味を考えれば，当事者（回復者）が当事者（相談者）といっしょに手続きなどを行うことで，安心感が違うという理解が大切である．

【その2】権利擁護（アドボカシー）

権利擁護にはぜひ積極的に取り組みたい．精神病院に入院している患者さんの要請に応えるには，病院を訪問したりして患者さんの話を聞き，退院の準備を一緒に考えたり，具体的な手伝いをしたりする．また，病院の処遇改善に不満を持っている場合には，主治医に改善を求める要求をするといった活動も，患者会活動（セルフヘルプ活動）として大切なことだと思っている．昔，自分たちも入院した経験があり，辛い目に遭っているわけで，そうした経験のない人に比べたら，格段に親身になることができると思う．

【その3】知識を学び，知識を広げていくこと

たびたび改正される精神保健福祉法などを理解することや，新薬の知識などの精神医療などの学習会も大切な活動だと思う．バンクーバーでは，家族会によって分裂病の医学的な知識と精神障害者の対応のためのテキストが発行されている．これはすでに日本語に翻訳され，「分裂病ガイドブック」として冊子ができている．（東京都中

部精神保健福祉センターが印刷を担当）たいへんわかりやすい内容で，素人の一般市民が読んでも理解しやすいものになっている．

　こうした分裂病を理解するためのガイドブックは，精神障害者と家族といった分裂病をすでに身近に感じている人にとって必要となるばかりでなく，一般市民が分裂病を理解するために，保健所や精神保健福祉センターなどの身近な健康相談機関で手に入るようにしていくことが求められる．そのための啓発活動も，患者会活動として行う必要があるだろう．（このガイドブックは，筆者が勤務する長崎大学の看護学生にぜひ教材として使用するようにということであった．さっそく，講義や自主学習の資料として，学生に紹介している）

【その４】政策決定の機会で発言していくこと

　セルフヘルプ-グループ活動というのは，決してグループミーティングを続けることにより，お互いの苦しみや悩みを話し合う場を持ち，癒し合うということだけではない．これらはもちろん大切であるが，それに止まらず，「精神医療をよくするための活動」や「地域で暮らしやすくするためのサービスを作っていくための活動」もしなければいけない．

　そのためには，しかるべき時に国や自治体に要望書を提出したり，政策決定の機会に委員として出席して発言していくことである．

　なお，筆者（半澤）はこれらは車の両輪のごとく，すべて大切なことである，と思っている．「精神医療の治療を受けた経験を持つ当事者」であるから，生き甲斐を感じてやっていけることなのである．病気の体験をして回復した当事者がやることに意義がある．全国精神障害者家族会連合会の運動も家族だからわかること，できることを，さまざまな家族としての当事者活動を行い，現在に至って

いる.

　米国やカナダのバンクーバーでは，このような当事者活動に対して行政が積極的にその価値と効果を評価し，補助金を出して運営されている．回復した当事者が生活の糧を得て活躍している．残念なことに日本では，なかなか理解されず，活動が発展できない現状にある．

　セルフヘルプ活動とは，最終的には当事者の生活に関わるすべて，例えば，医療，住宅，福祉，しごと，家族のこと，結婚・離婚，仲間づくりなど，生きていく上でのあらゆる出来事に対する，さまざまな支援活動が含まれるものとなる.

8．バンクーバーの地域保健システムに出会って

　高梨さんは，平成7（1995）年1月（10日間），平成9（1997）年9月（10日間）の計2回，陽和病院患者会の何人かと練馬区内の保健福祉医療専門職らと共に，カナダのバンクーバーに行く機会があった．ツアーそのものは平成5（1993）年10月（7日間）に初めて実施され，平成6（1994）年6月（7日間）と合わせて全4回実施されている．以下高梨さんの話を紹介する．

　バンクーバーで「コンシューマー」と称する精神障害者たちと精神保健システムに触れて，「日本の地域ケアはあまりにも遅れている」と思った．精神保健システムのひとつである住宅部門の「フランシスコート」を見学した．
　住宅サービスは10段階に分けられていて，住民（患者）のニーズに応じて，どの住宅に入るか選べるシステムになっている．「フランシスコート」は3階建の居住施設で，逆コの字型に建っていて，中庭は住民（患者）たちの交流の場になっている．自然に顔見知り

になり，お互い声をかけたり，様子を見ることができる構造である．

1フロアーに11の居室があり，1階は侵入者の危険があるため男性用，2階，3階は男性用と女性用の居室がある．風呂・トイレつきの1ルーム8畳くらいの部屋が1か月9万円であるが，州の補助金が最高6万円出るので3万円で入居できる．表向きは入居者全員独身者ということになっているが，カップルも多く，子供がいる人もそこに暮らしている．40歳代の女性のソーシャルワーカーが世話人として雇用されている．

9．当事者が望むバンクーバーの救急システムとは

さて，バンクーバーの地域保健システムがどのように進んでいるのか，日本の遅れている点はどこなのか．

高梨さんは，

「バンクーバーが日本のモデルとなるのは，とりわけ慢性精神障害者に対する地域医療システムである」

と言う．

では，バンクーバーにおける救急対応を含む地域医療システムの優れている点について，筆者（半澤）が文献[3][4][5][6]を参考にしながら紹介したい．そのことから，当事者が考える「望ましい救急システム」がいったいどのようなものなのか，それらは現実にどのようになっているのか，「救急」事態に彼らはどんなサービスを必要としているのかを探ってみたい．

バンクーバーのシステムとは，「ブリティッシュ-コロンビア州のGVMHSS（グレーター-バンクーバー-メンタル-ヘルス-サービスソサイエティ：大バンクーバー精神保健サービス機構」のことであ

る．GVMHSSは1973年にできたもので，それまでは郊外の巨大な州立病院で患者を抱え込み，収容中心の精神医療が行われていた．州政権の交代に伴い精神医療の抜本改革が検討され，広域かつ一貫したシステムとして政府の精神保健計画が作られ，その構想の下でGVMHSSが誕生している．財政は州政府から補助金を受け，運営は州政府とは異なる民間の非営利団体（NPO）によって，民意を反映した自治として組織化されている．具体的に言うと，自分の住んでいる地域でケアを受けられるように，また，サービスについて利用者や家族の声が反映されるようにという主旨で，ニーズに合わせたサービスが提供される仕組みである．

　主なサービスの対象は，慢性の精神疾患のケアと児童・家族の問題を取り扱う．コンセプトは，
① 慢性期治療の責任を積極的に担う
② 患者の持つトータルな生活上の必要に対応する
③ 治療の一貫性と継続性を維持する
である．

　かつての収容主義を大転換して，地域という空間の中で医療ニーズも含めた長期間にわたる生活を支えていく発想である．治療行為に限らず，地域に暮らす精神障害者の衣食住のレベルまでサービス内容としている．これらが医療と保健福祉という別々の切り離されたシステムではなく，慢性疾患を持つ人のケア，つまりここでは精神障害者をケアすることについて，地域における包括的な支援システムとして，「生活上の必要」に応じた一貫性と継続性が確保されている．

　急性期のケアはGVMHSSに含まれない．急性期ケアは病院が受け持つ．しかし，GVMHSSは大バンクーバー地域を9つに分けた「地区（region）」に少なくとも1つある「メンタル-ヘルス-ケアチーム」が，チームのキャッチメントエリアに暮らす慢性精神障害者の

医療サービスへの連携に責任を持っている．彼らの病状が悪化し，入院を必要とする時には，連携している4つの急性期治療を担当する病院に連絡をとる．その際，チームの担当のケースマネージャーが，従来からの治療の経過記録を入院する病院に送り，継続した治療が確保されるようにしている．チームのケースマネージャーは，地域で暮らす慢性の精神障害者にとって重要な支援者である．彼らは「セラピスト」と呼ばれ，1チームに40人ほど常勤で雇用され，ソーシャルワーカーや看護婦，サイコロジスト，作業療法士と多職種で構成されている．チームでは医師ではなく，彼らが精神障害者を担当する．医師はコンサルタントとしてセラピストを支える．

医師の役割は，① 患者の医学的アセスメントと投薬の管理，② セラピストの相談にのることの2つに限定されている．医師を頂点としたメディカル-モデルを廃し，心理社会的ケアを行うセラピストたちがチームの主な担い手となっている．狭い意味での医師による治療は，急性期ケアを行う病院に限定される．GVMHSSは当事者が納得して医療を受けるためのケアを行う．急性期治療につなげるための「導入期のケア」を含めた広い意味での精神障害者のための生活支援をGVMHSSは担っている．

GVMHSSの主なサービスである危機的対応サービスと生活支援サービスについて紹介したい．

1) 危機的対応サービス
「メンタル-ヘルス-エマージェンシー-サービス：MHES」
① Car87（カー-エイティ-セブン）
精神科専門看護婦と警察官2人のペアによる巡回訪問サービスで，市の警察と福祉局が連携してできたサービスである．365日，夕方5時から午前3時の間地域を巡回している．具合の悪くなった患者で，先に紹介したメンタル-ヘルス-ケアチームによる対応が間に合

わない場合に活躍する．

　緊急事態発生の連絡が病院やベンチャーに入ると，Car87は住所地（アパート等）を訪問する．投薬などで調整できる場合は，薬を増量してその夜は過ごしてもらう．精神科専門看護婦は薬剤処方ができる．

　翌日チームのセラピストが訪問し，必要であればCar87によって病院に連れて行く．自傷他害の事件現場に呼ばれることもある．

　②　ベンチャー（亜救急施設）

　カナダを見学した高梨さんの最もお勧めであったのがこのサービスである．入院するほどの状態ではないが，自宅にこのままではいられない人が，自由意志で利用できる一時休養宿泊施設がベンチャーである．11人の精神科専門看護婦で運営している．20床のベッドは2日から3週間利用することができる．ベンチャーでは治療ではなくケアが中心となる．医師には看護婦が必要に応じてオンコールで連絡している．利用料は1日約2万円．年間の利用者数は約600人，平均滞在日数は14日（1997年のデータより）である．

2）生活支援サービス

　①　ドロップインセンター

　会員制の集会所．利用登録した人たちが集まって，食事をしたり，お茶を飲んだりしながら話をする憩いの場．

　②　クラブハウス

　住宅プラス集いの場．ドロップインセンターと比べて，職業の斡旋や作業・職業訓練などの過渡的な就労支援をしているのが特徴的である．

③　セイファー（自殺予防カウンセリングセンター）
自殺防止，自殺未遂者の経過観察フォロープログラムがある．

④　住宅プログラム（メンタル-ヘルス-リエゾン-プログラム：MHLPの一部）
これは治療は終わったが，退院後自宅に受け入れてもらえない人たちが，地域社会で再定着するための支援つき住宅提供プログラムである．カナダは「20歳過ぎた子供と親は一緒に住まない」という文化的な慣習がある．そのため，家族が受け皿となりにくく，慢性患者は浮浪者になりやすい．このプログラムの利用者はすべてGVMHSSのメンタル-ヘルス-ケアチームに所属し，住まいとともに生活支援サービスを受ける．退院時には病院から必ずチームに紹介される．

サービス内容は人により，また生活状況によって，多様なレベルがある．完全にアパートで単身生活をしながら，精神科専門看護婦による定期的な訪問サービスを受けている人がいたり，スタッフと同居した形で暮らしている人もいる．その違いは，何ができるか，何ができないか，どのような支えがあれば可能か，といった精神障害者の生活上の機能・能力レベルによって判断されている．住宅のメニューにはボーディングホーム，グループホーム，ハーフ-ウェイ-ハウス，共同住居，民宿的施設といったものがある．

10. バンクーバーで具合が悪くなったら

昼間仕事をしたり，自宅やクラブハウス，ドロップインセンターで過ごしている精神障害者のために，夕方の5時から夜中の3時までCar87が巡回訪問している．地域で暮らしていても継続したケア

を必要とする精神障害者については，病院からGVMHSSに連絡が入り，登録されるシステムになっている．そのため，たとえ夜間に急に不安が高まったり，具合が悪くなった時でも，自分でまたはCar87を使って，ケアつきの一時休養宿泊施設（ベンチャー），もしくは急性期治療のために病院を利用できる．チームのセラピストによる見守りと当事者自身による病状を含めた生活の自己管理によって，早目に休養や回復のための対応をとることができる．このような地域での生活を支援するシステムがあることで，慢性精神障害者が再発はしても入院にまでは至らないで回復できる．つまり，急性期治療のための入院という「緊急事態」は，日ごろの生活支援システムのおかげで回避・解消されることが多いという．

　それでも，緊急に入院治療が必要であると判断される場合は，緊急時の電話「911」に連絡すればいい．交換手に精神科ケアが必要であることを伝えれば，巡回している「Car87」につなげられ，必要であれば病院に連れて行ってもらえる．入院しても，平均入院日数は約1か月である．入院医療費が1日約7万円と高いため，長期入院はさせられないという政治・経済的な事情もある．ちなみに日本では390日＜1999（平成11年度）＞（病院報告より）であり，バンクーバーの入院期間は格段に短い．

11. 日本の生活支援システムの現状

　さて，翻って日本の場合について，高梨さんの意見を聞いてみた．バンクーバー－モデルと比較すると，確かに日本では，バンクーバーのように治療から住宅提供まで含めた継続的で，一貫性のあるケアのシステムは整備されていない．

1) 医療と生活支援が連携したシステム

　日本の入院医療の現状は，継続的なケアシステムが不十分で，当事者は入院したらいつ退院できるのか不安に感じてしまう場合すらある．しかし，これでは，たとえ「具合が悪い，普段とは違う」と感じることがあっても，医師や家族にそのことを伝えることをためらうだろう．精神科医療に対する不安感や不信感は，もはや入院しかないところまで病状を悪化させてしまったり，周囲とこじれてしまったりする要因にもなる．

　近年，地域生活支援の考え方が進み，地域生活支援センターや各種社会復帰施設，グループホームといった施設も整備されてきてはいるが，まだまだ少ない．病院以外にはせいぜい保健所や小規模作業所くらいしかない地域もある．さらに，サービスメニューはできても，バンクーバーのように1つ1つのサービスに関わる人と場が連携し，一貫性のある継続したケアを受けられるシステムとなって，障害者をずっと見守る仕組みにはないのが現状であろう．

　地域で生活を支援し，見守るシステムがあり，その中に医療も包括したサービスとして，病院や短期休養施設などを適時うまく利用することで，長期入院を避けることもできる．核家族化して，扶養し合う力の弱くなっている家族に，過剰な期待をすることで生じる退院拒否の問題も，バンクーバー-モデルの居住プログラムに解決策を求めることができるかもしれない．

2) 精神障害者がともに暮らす環境

　多様な施設とそれを動かすシステムだけではなく，そこにいる人によって作られる環境の影響も重要である．例えば，病院等の施設の環境とそこでの待遇がもっとよくなり，病院が地域の中に当たり前に存在し，だれでも見学に行ける開かれた治療施設になれば，入

院を拒否する精神障害者の気持ちが少しは変化するかもしれない．
　また，本人や家族が，親戚や知り合い，友人に，精神科を受診していることを話すことの抵抗感も緩和するかもしれない．地域住民の意識も，精神障害者に対する印象や偏見も変わるだろう．「めったにかかることのない得体の知れない精神病の人」という理解から，「だれでもストレスがかかると起こる可能性のある慢性の病気で，継続的なケアを受けながら地域で生活できる人たち」という理解に変わることも期待できるだろう．
　このように住民の意識が変化するためには，精神障害者のための急性期の治療導入システムが整備され，地域に暮らす精神障害者のためのケアシステムがあることが前提となる．

3）当事者が求めている救急システムとは

　「当事者が考える救急」とは，少なくとも「搬送問題」に限定される狭い意味ではない．具合が悪くなった時に，嫌がる彼らを無理やりに精神病院に連れて行く手段を「救急」であるとするなら，「救急なんて必要ない」ということである．「バンクーバーのようなケアシステムがいい．2度と入院なんてしたくない」というのが当事者の本音であった．
　入院治療を必要とする状況以前に，もっと地域で継続したケアを提供できるシステムを作ってほしい．その1つのモデルとして「バンクーバーのようなケアシステムを」という切実な願いなのである．具合が悪くなった緊急時の搬送は，バンクーバーのシステムだけ「Car87」が担っている．しかし搬送手段だけでは不十分なのである．
　当事者は，病気による不眠や不安がある時，眠剤が効いてくるまでの時間を，夜中であっても少し話を聞いてくれる電話相談サービスであったり，長続きする仕事がないことや，友人が少ないなどの

生活上の困りごとや，不安につき合ってくれる夜間ケアをも必要としている．

　緊急事態を解決するためのサービスは，医療サービスの他にも考えられる．地域に暮らす精神障害者の日常的な生活支援システムとして，バンクーバーの地域精神保健システムがモデルになるというのである．

12. 当事者活動が社会的に評価されるための戦略

　高梨さんの述べる当事者活動とは，今までに記してきたように広がりのあるものであり，決して専門職が彼らの代わりを担えるものではない．逆に彼らも専門職の代わりをしようということではないだろう．専門職のサービスと当事者活動によるサービスとでは，相談活動ひとつとってもその理念も方法も異なり，別のものなのである．「精神障害を経験し，精神医療を受けた経験を持つ当事者」が生き甲斐を持ってできる役割とか相談業務などの社会的活動といったものは，「精神医療を施す側」である専門職が実感し得ないゆえに，まねできるものではない領域にある．かつて経験した，もしくは経験している途上であるからこそ理解でき実感できる体験により，専門職には思いも及ばない感覚で，一般市民向けのガイドブックを選び出すこともできるのである．こうした「回復した当事者だからこそできる社会的活動」の実践は現実にはまだまだ少ない．もっと社会がその価値を認めて，そうした機会を確保する支援を行うことが必要だろう．

　このような見方をすると，精神障害者を一般就労にこぞって駆り立てようとする意識については深い疑念を抱かざるを得ない．これはかつて社会復帰，今日では自立と社会参加の方向性を問い直すことにつながる．見方を変えて，精神障害者自身はどういう生き方を

望んでいるのであろうか.

　諸外国ではすでに,当事者活動によって医療をよりよくしたり,暮らしやすくするために当事者自らが発言し,改善することを社会的に評価し,それに見合う報酬が行政で予算化され,その報酬で生活を成り立たせている[7)8)9)10)].「精神医療の経験者だからのれる相談」によって生計が成り立つのである.

　「このような生き方をせずにはいられない」という当事者の活動を支援することは,何をどう支援することなのだろう.精神障害は回復するということをくり返して説明するよりも,回復した精神障害者の回復できた体験談のほうが,聞く人に希望を与えるだろう.

　自立と社会参加とは,回復する精神障害者を今の社会のあり方に適応させればいいということではなく,「精神科医療を経験した当事者だからできること」を社会的に価値ある活動として認めることも必要である.

　専門職のサービスには報酬が払われ,当事者でなければできないサービスは無償を当然として扱われるのは,当事者活動の様々な効果と影響力を理解できていないという社会の側の問題もあるだろう.どのように,そしてどれだけ有効であり,望ましいのかを整理してわかりやすく伝えていくための戦略も必要とされるだろう.支援者にはそれをうまく進めるためにアイデアが期待される.

註

1） 精神保健福祉センターとは，精神保健福祉法に基づき精神保健及び精神障害者の福祉に関する総合的技術センターとして，精神保健福祉活動の中核となる機関であり，① 知識の広報普及，② 調査研究，③ 複雑困難な相談指導事業，④ 保健所や市町村その他関係機関に対する技術指導・技術援助を行う施設である．東京都には，下谷，中部，多摩の3か所のセンターがある．（我が国の精神保健福祉：平成13年度版）

2） 正式には社会福祉法人かがやき会を母体とする『地域ケア福祉センター池田会館』である．この法人は，福祉ホーム，小規模作業所，通所授産施設を運営しているが，他にも東京都精神障害者団体連合会事務局に部屋を貸していたり，都内のグループホームなどの代表者が集まる連絡協議会の開催に場所を提供したりしている．JR高田馬場駅から歩いて10分足らずの場所で大変便利なところにある．

第 2 章

専門職が支援
する
セルフヘルプ - グループの実際

本章ではセルフヘルプ-グループとそこに関わっていた専門職を紹介したい．

専門職の支援についての事例は，【事例３】から【事例６】まで４つである．

【事例３】及び【事例４】は，職業安定所の精神障害者担当職業相談員らが，セルフヘルプ-グループの必要性を感じ，「しごとミーティング」を始めた事例であり，【事例３】では相談員に視点をあて，また【事例４】ではこのセルフヘルプ-グループにボランティアという立場で関わり続ける作業所職員に視点を当てて紹介している．

【事例５】は，沖縄県の「ふれあいセンター」という生活支援センターで，かつ授産施設もある場所を活用している「つどい」というセルフヘルプ-グループと精神保健福祉相談員の支援を事例として紹介する．

【事例６】では，クラブハウスという当事者主体の運営を基本方針としている活動の特徴を紹介し，その上で，ある作業所で行っていた患者会活動を発展させ，クラブハウスというモデルを取り入れたユニークな実践を，「クラブハウスはばたき」の事例から紹介したい．日本にはクラブハウスは少ないが，セルフヘルプの考え方を，日常の活動そのものにうまく活かした具体例のひとつではないかと思っている．

前もってあまり解説を加えずに，まずはじっくり事例を堪能していただくことにしよう．

なお，それぞれの事例は，筆者が精神保健ジャーナル「ゆうゆう」（季刊，萌文社）の取材で現地で，話を聞いて書いたもの[11][12][13]を参考にしている．これらの文献の名称は別添で紹介しているので，より詳しく知りたい方は，そちらも是非読んでいただきたい．

I
個別援助の限界と
グループづくり

【事例3】

1．就労定着指導を個別に行う限界から
2．当事者が主体的に参加する運営
3．社会参加というテーマについて安心して語れる場
4．当事者からみたセルフヘルプ-グループ
5．専門職からみたセルフヘルプ-グループ
6．職場の人に障害を明かすという体験から

　ここで紹介する事例は，かつて精神保健ジャーナル「ゆうゆう」で取材した「しごとミーティング」に関連するものである[11]．このセルフヘルプ-グループの発足の経緯とミーティングの実際について紹介しながら，このグループに関わり合った人々に視点を当てて，彼らの支援のありようについて考えてみたい．

　まず，最初に紹介するのは寺谷隆子（現日本社会事業大学教授）さんである．彼女はある小規模作業所に発足から関わり，社会福祉法人への発展にも力を捧げ，現在も現場の活動を力強く支える役割

を担っている人である．精神保健福祉分野で著明な開拓者の1人となる方である．

　寺谷さんがこれまで関わってきた地域精神保健福祉活動は，「精神障害者も地域に暮らす一市民である」という意識をあくまでも基本としながら，地域で精神障害者と住民が関わる機会を作業所を拠点に発展させ，仲間同士の支え合いを積極的に支援してきている．基本は，障害のある・なしに関わらず，だれでも1人の市民として「必要なサービスを受ける権利を持つことはあたりまえのこと」という考え方である．

　筆者はこれまで，たびたび彼女の活動母体である組織（JHC板橋）を訪れ，その当事者や職員に関わる機会を持っている．そこでいつも気づくことは，彼らの権利を保障することへの慎重さと徹底ぶりである．

　「障害者の権利」とは，何も法律に書かれていることだけでなく，日々の生活の中で「彼らの気持ちや発言をどれほど尊重する姿勢を周りが持っているか，持とうとしているか」ということこそ重要となる．

　そういう筆者も「理解しにくい」とか，「自分たちの発言が十分に文章に反映されていないから了解できない」と当事者に率直に言われることがある．まだまだ彼らを尊重する姿勢が身についていないと反省させられる．

　とりわけ医療の現場における看護場面では，「患者の権利」として，電話をかける権利などが書面に示され，法律で明記されていると説明をするが，

　「日常生活の援助場面において，十分に意を尊重することができているだろうか」
といった問いは，まだまだ検討の余地がありそうに思われる．

その意味で，JHC板橋に関わっている人たちの意識を，もっと広めることは重要であり，福祉分野の人たちだけでなく，医療分野の人たちにも，改めて考えてほしい内容が山ほどあると思っている．
　そういう筆者も，その辺りの意を十分受け止めきれず，時々自らの配慮不十分さを教えられる．専門職が精神障害者からいつでも学ぶ機会を得られるという意味で，このJHC板橋という活動母体は，ここの職員のみでなく，精神障害者に関わる多様な分野に携わる多くの専門職や非専門職にとって，貴重な場所であると思う．

　さて，事例に入りたい．この事例を紹介する意図は，職業安定所という労働行政機関の就労支援サービスに，セルフヘルプ-グループをうまく活用している点にある．まず，職業安定所（以下ハローワークとする）の相談員であった寺谷隆子さん，末安勢津子さん，田崎万里子さんらが仕掛け人となったセルフヘルプ-グループ「しごとミーティング」を紹介し，そこでの彼らの関わりと当事者との関係性について検討してみたい．
　当時，寺谷さんらは精神障害者担当職業相談員として，障害者雇用促進制度である「就職相談」と「定着支援サービス」に携わっていた．職安から離れて，地域でセルフヘルプ-グループ活動を支援しながら，相談員としての個別の相談とグループをつなぐ役割を担っていた．こうした関わりは，これまでの保健医療福祉分野における相談活動を越え，就労支援の１つの実践モデルとして注目すべきものではないかと考えている．

1．就労定着指導を個別に行う限界から

　ハローワークには，精神障害者や関係機関に就職先を紹介したり相談に応じたりする「精神障害者担当職業相談員（以下職業相談員

と略す)」が雇用されている．「仕事がしたい」という精神障害者の相談にのったり，就職した職場で継続して働けるように職場に様子を見に行って，困っていることはないか相談にのったりしている．「しごとミーティング」にはこうした職業相談員が3人，発足当初から関わっている．

　ある時彼女たちは，障害者の就労援助相談や雇用につながった当事者の就労定着指導を，マンツーマンで行う中での限界を感じた．個別で相談に対応するよりも，当事者の相互支援グループづくりをする中で支え合えることもあると思ったのである．マンツーマンの限界ということについて，職業相談員の1人寺谷さんは，「就職した当事者を相談員が個別に職場訪問するより，当事者が話し合える場を作って，『仕事がうまくいっているんだ』とか，『失敗しちゃったのよ』といった話がお互いにできることのほうが，当事者の就労定着効果が高いだろう」と考えた．

　また，ハローワークに1人ずつ分散して配置されている職業相談員にとっても，月1回定期的にここで交流する意味があると考えた．当事者，ハローワーク相談員両者にとって，ともに仲間との交流の場となり，支え合いの機会となっているのが「しごとミーティング」であった．

2．当事者が主体的に参加する運営

　1994（平成6）年12月に第1回のミーティングが開かれた．ハローワーク相談員と職安の紹介で仕事をしている当事者，地域の小規模作業所でミーティングの開催案内をFAXで見た人などが集まった．また，メンバーになるための登録はなくし，お茶代100円を払えばだれでも参加できることにした．

　第1回は自己紹介した後，「ミーティングの進め方」というテー

マで話し合いを始めた．グループの進め方を専門職があらかじめ考えてしまうのではなく，集まった当事者の話し合いによって決めたという．

1997（平成9）年12月までに19回ミーティングが行われ，そのテーマは「息抜き法」「仕事の意味」「生活保護受給と就労」等であった．テーマは毎回少しずつ違ったものが設定される．「しごと」が共通テーマで，司会，記録，タイムキーパーといった役割が時々回ってくる．職業相談員は当事者が思いっきり話せるようにという配慮から，メンバーが少ないなどの状況次第で司会と記録を手伝っている．ここではいろいろな意見が自由に話され，それにまず耳を傾け，先入観を伴わずに傾聴することが求められる．

1995（平成7）年7月には当事者だけで団欒(だんらん)する会も月1回始まり，ミーティングという形式を重視する「しごとミーティング」と団らんの場をそれぞれ別々に開くという形ができた．

3．社会参加というテーマについて安心して語れる場

筆者もこのミーティングに参加する機会を得た．

夕方6時過ぎに伺ってみると，集まっていたのは常連のメンバーである女性1人，男性6人，ボランティアの学生1人，小規模作業所スタッフ2名，ハローワーク相談員3名，看護大学の教員1名，見学者4名の計18人であった．普段はメンバー10人前後と作業所スタッフ2人，ハローワーク相談員1人の構成であるという．

司会の挨拶が始まると，そこは「正式発言の場」と変わったように感じた．司会がグループの決まりごとを話し始めた．そして「ここで話したことは外で言わないこと」を確認した．するとどことなく緊張感が漂った．いつものように30秒の気分調べが始まった．今日の気分をそれぞれ30秒間で話す．1人30秒というのはあっという

間の時間で，筆者などは取材に来た意図などを紹介するうちに，2分くらいしゃべってしまっていた．このイントロダクションで，仲間に真剣に聞いてもらっていると感じられる．

このイントロダクションによると，ここに参加している7人の当事者うち，アルバイトも含めて働いている人は4人で，その他の3人は小規模作業所でレクの企画に加わったり，人権に関する運動団体のワークショップで司会をしているということであった．「しごとミーティング」の場では，就労だけでなく，当事者が誇りを持ってさまざまな活動に取り組んでいることが堂々と話されていた．そのことで，ここは精神障害者にとって，就労することを1つの目標として訓練するための場ではなく，社会参加というテーマについて，自分の気持ちを安心して語ることができる場となっていることが理解できた．

4．当事者から見たセルフヘルプ-グループ

1）過剰な期待から自由になって本音を語れる場所

さて，「しごとミーティング」の意味を当事者はどのように思っているのだろうか．仕事をしている参加者にとって，ここに集まることと仕事を続けていくことはどのような関連があるのか．当事者の発言を引用しながら考えてみたい．

当事者の1人は，
「紹介された仕事に就いても，職場で同僚と話をする機会はなかった．バイト先と家の行き帰りで1日が終わる」
と語っている．そして，
「ここは仲間がいるという安らぎを得られる場所なのだ」
と言う．
「仕事場では虚勢を張ったりもするし，職場であるというマナー

を心がけなくてはいけない．ここでは虚勢を張ることも，周囲に気を配ることも無理に要求されない．だからここは落ち着く」
と言う．

　このような発言から，職場では周りの人たちを気軽に話ができる仲間とはなかなか感じられず，また，周りから期待されているとわかると，それに応えようとして，自分にはむりかもしれないと思うことであっても頑張ろうとすることがあると理解できる．そのような職場の人間関係とは異なり，このセルフヘルプ-グループでは，頑張っている自分を演出する必要はなく，時々調子を崩しそうになることや，不安が高まってきているということも正直に語れ，お互いに障害者であるからわかり合える．

　職場で直接そういうことを言ったら，過度に心配されたりするかもしれないが，ここではそういう配慮をすることもなく，自由に，安心して話すことができる．当事者同士が声をかけ合い，支え合うことができる．頑張ることを期待され，期待に応えなければならないとついつい考えてしまう「辛い気持ち」を，セルフヘルプ-グループでは仲間と共有し合える．周りの人の気持ちを繊細に受け止め，期待に応えようと頑張る当事者にとって，そのような期待から自由で，安心できる数少ない拠り所となっている．

　そのような場に時々通って本音を語ることによって，「期待に応えてついつい頑張ってしまう辛さ」を改めて見つめる機会を得て，職場に通い続けられる力にもなるようである．

2）就労に対する焦りを一歩離れて見つめる

　就労に対する考え方は，ここに来て話をすることで何らかの変化があるのだろうか．

　当事者の1人は，

「自分でも仕事をしていない危機感はずっとある．周りからも早

く就職しろと急かされる．仕事している人を羨ましいなあと思う」
と述べている．
　「でも今は，ワンステップ置いてから仕事を始めたいなあ……というゆとりが持てるようになった」
とも言う．また，
　「4〜5年前は働いては躁状態になって倒れ，その度に緊急入院をくり返した．主治医にもう仕事は止めろと言われたこともあった．それでも就職口を探した．ここへ来るようになってからは，働いている時も余裕が持てるようになり，病状も安定するようになった」
と述べている．
　病気を患ったこと，それに伴ってさまざまな生活のしづらさを経験することで，それまで描いていた夢や目標を修正せざるを得なくなる精神障害者は少なくない．期待していた職業生活の夢と現実の狭間で焦ったり，辛い思いをすることもある．しかし，セルフヘルプ-グループでの仲間の話から，障害を持つ自分たちにとって，「就労する」ということは日々の過ごし方の1つの選択肢に過ぎず，そのことにやみくもに邁進して調子を崩す仲間がいることを，仲間の話によって気づかされる．自分の就労に対する焦りも客観的に見つめられるようになる．時には相談する相手も得られる．
　セルフヘルプ-グループの体験によって，就労という課題が，決して焦らず，じっくり，迷いながら決めていけばいいことであることを学ぶ．こう考えられるようになると，焦る気持ちから距離をとれるようになるのかもしれない．

5．専門職から見たセルフヘルプ-グループ

1）就労支援は生活支援の一部

　相談員の寺谷さんに，「しごとミーティング」を作った経緯をもう少し伺ってみた．

　ハローワークに時々顔を出していた1人の当事者がいた．彼はすでに就職して仕事を続けていたのである．寺谷さんは彼に別の当事者を紹介し，ピアカウンセリングの機会を作った．

　「仕事を始めた当事者として，就職しようとしている当事者の相談に乗ってほしいのよ」

と誘った．ピアカウンセリングの機会は，就職活動をしている当事者にとっては，仕事を始めてからの自分を具体的にイメージする助けになる．また，相談に乗る当事者にとっても，自分の話によって，病気・障害を体験した仲間を援助できる機会となる．

　「バイト先と家の行き帰りで1日が終わる」

と話す当事者にとって，仕事とは別の新たな社会的役割を実感できる機会にもなるだろう．寺谷さんは，

　「就労支援は生活支援の一部である．当事者が必要としているのは，就労のためのノウハウではなく，当事者同士の支え合いの関係でしょう」

と言う．

2）就労に対する焦りを見つめること

　次に，「就労は生活の一部に過ぎない」ということに気づく場，あるいは方法としてのセルフヘルプ-グループの意味を考えてみたい．

　寺谷さんは，

「就労は生活の一部であると思う．当然そのための専門職の支援も，仕事に就くことだけを支援すればいいということにはならない」と言う．寺谷さんはさらに当事者の立場から就労支援活動のあり方を考える時，

「彼らに必要なのは就労のためのノウハウではなく，当事者同士の支え合いの関係であるようだ」
と述べている．

　障害を持ってセルフヘルプ-グループに参加する仲間の中には，就労することが1つの選択肢に過ぎないと気づいていない人がいるという．「仕事をしたい，できない…」という葛藤を持ちながら，調子を崩す人が決して少なくないのである．どうしてそこまでこだわるのであろうか．もっとも，そうなってみなければ，そういう葛藤は共感し得ないものかもしれない．

　「いつまでも家で仕事もしないでふらふらしているのでは困る」という気持ちが家族から投げかけられたり，そうはいうものの，働くことのハードルの高さに打ちのめされる中で葛藤を感じる，というのが現実であったりするのであろう．

　セルフヘルプ-グループは，同じ病者であり，障害者である仲間の体験を聞くことで，いつの間にか身につけた，あるいは家族などの身近な人からの期待によって内在化されていった「就労に対する焦り」を，客観的に見つめられる貴重な機会になっている．

　このようなことが起こるのは，セルフヘルプ-グループに集う人たちが，多様な立場で構成されていることによるだろう．仕事に就いた人も，就こうとしている人も，とっくの昔に就労をあきらめてしまった人も，ここでは対等に自分の考えを述べ合い，尊重し合う．

3）多様な考え方に出会うことから広がる可能性

　多様な考え方に出会うことによって，それまでの自分の見方，考

え方の幅が広がる体験となっている．セルフヘルプ-グループの価値は，「多様な考え方に出会う可能性」という側面もある．当事者の1人は,

「チョイスということの大切さとつながる．すべては自分の選択にかかっている．ピアカウンセリングでもピアサポートでも重要になキーワードが，自己選択，自己決定，自己責任という自立の要素である」
と言う．

　しかし，考え方の広がりに乏しい社会環境にいれば，当然考えそのものが乏しいものとなる．臨床医療現場の怖さは，医療従事者という一定の価値観を重視する発想が主流となっていることで，当然のこととして，「治療を受ける患者であること」をだれもが期待していることである．このことは何も精神医療に限ったことではない．そもそも医療現場というのはそうした価値を優先し，それ以外のことは必要性の低いものと退けることで治療に限定し特化した環境であると考えられている．そして，それらを必要とする状況は確かにある．しかし，そのような一般社会とは偏った価値観のもとに長く居続けることは，セルフヘルプ-グループの1つの価値でもある「多様な考え方に出会う可能性」の芽を摘むことになるかもしれない．

　では，退院して地域に暮らすようになるとどうなのだろうか．身近になった家族や一般社会の価値基準の影響を受けて，「社会の一員たるものは働かなければならない」という価値観を存分に身につけることもある．それも病いが回復して，自分のペースで現実的な状況判断から考えるスピードの何倍もの早さであったりするかもしれない．病いの回復とか，その人のペースというものを配慮するより，病いを持つ人生をすぐさま否定するためにも，早く「社会の一員たる」証拠を示しておきたくなるかもしれない．

「しごとミーティング」はそのような期待には応えられないだろう．そこでは，焦ることなく，じっくり，迷いながら自分のペースで決めていけばいいということを理解し，共感し合える場所なのである．しかし，この「ゆっくりペース」が身につくことこそ，日々の生活の中で不安になったり，対人関係に混乱したりして，症状が再燃することを予防することにもなる．再入院を予防する意味もある．

　障害を持ちながらも，働く場が整えばもっともっと就労できる人はいるかもしれない．社会保障制度として，そのような整備は不可欠である．しかし一方で，働くことに伴う対人緊張や生活場面の変化による不安が，病状に多様な影響をもたらしやすいという理解と，そうした病状に刺激的な就労生活から身を守る方法を身につけることも大変重要である．セルフヘルプ-グループはそのための有効な場であることを，「しごとミーティング」の実践が明らかにしている．

6．職場の人に障害を明かすという体験から

　かつてミーティングで「職場で障害をオープンにするということ」をテーマとしたことがあった．その時の当事者の発言を紹介したい．
　彼女は，
「障害を隠して就職して，ちょっとしたことで職場の同僚に厳しいことを言われ，だいぶ傷つき，落ち込んでしまったことがあった．でも，せっかく就職したのだからもう少し頑張ろうと思い，『実は，私は安定剤をもらっている』と打ち明けてみた．その時，『もっと早く言ってくれたら，あんな言い方はしなかった』と言われた」と話す．
　「しごとミーティング」では，障害をいつ，どんな形で職場の人

に打ち明けるかどうかが時々話題になっている．当事者1人1人によって捉え方は異なるが，深刻な問題である．援助者の立場からすれば，無理をするとダウンしやすいことを理解してくれる人を1人でも身近に確保したいという気持ちもある．雇用者や職場の同僚などに障害者を理解してもらうことは簡単なことではないが，職場に障害者を受け入れることでしかほんとうの理解は進まないと考えることもできる．

　一方，障害者の中には「障害を明かしたくない」という人が多い．障害者の立場から，明かすことのメリットとデメリットが考えられなくてはならない．そのことは，当事者自身が精神病や精神障害をどう捉えているかということとも関連する．しかし，精神疾患と治療，生活におけるアドバイスについて，専門職から納得のいく説明をされ，自己受容につながるような機会を持っている人は決して多くはないという現状を考える時，障害者自身の障害の理解という点で，残念ながら多くの課題があると考えられる．

　「しごとミーティング」での仲間の話は，周囲の人の精神障害に対する偏見や抵抗感が実際どのようなものであり，仲間はそれをどう受け止めているかということを確認する機会となる．「しごとミーティング」では，当事者それぞれが，いつ，だれに，どのような状況で，どのように話すか否かを判断するヒントを得ることができ，同時にその時，仲間が自分の障害をどう考えているのかということも学ぶ場になっている．

第2章　専門職が支援するセルフヘルプ-グループの実際　91

II
ボランティアとして参加する作業所職員

【事例4】

1．小規模作業所とは異なる場所でグループに参加する意味
2．作業所職員と通所者が並んでミーティングに参加すること
3．作業所の職員が考える「しごとミーティング」

　本節では,【事例3】で紹介した「しごとミーティング」に, 小規模作業所の職員が関わることの意味について, 彼らの発言から考えてみたい. 彼らはハローワークの相談員とは異なる立場で, かつ小規模作業所職員という立場からも離れて「しごとミーティング」に参加している.

　彼らの関わりは, セルフヘルプ-グループと専門職に関するこれまでの研究視点とは明らかに異なる. 新たな関わりのあり方を提起するものと考えられる. すなわち,「セルフヘルプ-グループと当事

者と専門職」という三者関係に加え，『専門職ボランティア』という第4の立場からの関わりである．そのような新たな関わりが実際にどのようであるのかを紹介し，その意味について検討してみたい．

　なお，作業所の職員には多様な経歴の持ち主がいて，家族会に所属する家族自身が職員となっていることも多く，すべてが専門職であるとしてしまうことに問題があろうという指摘もある．
　しかしここでは，「セルフヘルプ-グループ・当事者・専門職」という3つの関係において，常勤であろうと非常勤であろうと，なにがしかの給与を得て作業所の運営や活動に関わる特定の仕事に従事している「職員」と呼ばれる人々を，あえて「専門職」としている．
　このような整理は，こうした人たちの知識や関わりの方法・技術について，これまで行政機関や職能団体によって多くの研修などが行われており，多くの職員が知識や技術を修得しようとしている実態を考慮したという立場からである．

1．小規模作業所とは異なる場所でグループに参加する意味

　相談員の1人である末安勢津子さんは，
「当事者が働き始めると，それまで利用していた小規模作業所や保健所等の精神保健福祉機関から離れてしまうことがとても多い．しかし，職場に定着するまで，しばらくは支援が必要になる」
と言う．これは，就職した後も生活面の援助や就労に伴うストレスをうまく息抜きするための支援が重要であるにもかかわらず，実際には十分ではないということである．
　では，このような支援をどこで，どのように行うのか．ひとつには，当事者が通い慣れている作業所があれば，就労支援グループ活動をそこで始めてみるという方法がある．その方がかつての作業所

メンバーというよく知った仲間とも会えるし，気楽に行きやすいという安心感もある．しかし，末安さんらは敢えて作業所とは違う場所を開拓した．

違う場所を選択した意図は次のようなものであった．小規模作業所には「就職してみたい」と思っている精神障害者が少なくない．さまざまな特色を持つ作業所のうちのいくつかは，就労を目指した活動を特徴として，さまざまなメニューを開発しているところもある．しかし，自宅の近所であることを理由にたまたま通うことになった小規模作業所が，実は就労を意識した取り組みをほとんどしていないという場合もある．

「しごとミーティング」は，どこの作業所に通う精神障害者であっても，就労について関心を持っていれば参加できる．就労していようがいまいが，仕事に関心を持つ精神障害者であれば交流できる場が必要なのだ，という結論に達したのである．

2．作業所職員と通所者が並んでミーティングに参加すること

当事者が働き始めると，それまで利用していた精神保健福祉機関から離れてしまうことが多いということはすでに述べたが，当事者が仕事探しを始めた段階で，それまでの精神保健福祉に関わる専門職の関わりが途切れ，職安まかせになりやすいという．つまり，仕事探しの専門である職安の職員と精神保健福祉に関わる専門職のバトンタッチがあまりにスムーズ過ぎて，両者で一緒に関わる必要のある期間が十分に設けられず役割分担もうまくいっていないということがある．

当事者は通い慣れた小規模作業所の仲間や職員という貴重な相談者と，心から息抜きができる数少ない場を失ってしまう．その結果，せっかく気合いを入れて就職したのに，間もなく緊張を緩める機会

のないままダウンしてしまうことがある.

　作業所職員とそこに今も通所している当事者たちを仲間に入れたセルフヘルプ-グループに意味がある．就職したばかりの当事者らにとっては，その場に来てほっとする．これから就職しようと職安を訪ね，タイミングを狙っている作業所の利用者にとっては，少し先を行く仲間から，就職したことに伴う本音を聞くことができる．不安を解消することにもなるし，刺激も受けることにもなる．

3．作業所の職員が考える「しごとミーティング」

1）横並びの関係性を大切にする安心感と癒しの効果

　「しごとミーティング」は，地域にある2つの小規模作業所職員が定期的に参加している．作業所職員の発言を紹介しながら，彼らがこのようなセルフヘルプ-グループに参加する意味について考えてみたい．

　小規模作業所職員の石井将隆さんは，
「小規模作業所でここの案内を見て，利用者と一緒に参加するようになった．作業所の利用者が仕事を探す時に，役に立つような話を聞けるのかなあと期待していた．しかし，ここでは就労につながる具体的な話は期待していたほど得られなかった．ここに来て気づいたことは，一緒に来た利用者が作業所にいる時とは違い，よくしゃべるし，表情も違うことであった」
と言う．このような職員の気づきに対して当事者は，
「小規模作業所にいると『半病人』である．でもここでは『回復できたかなあ』と思える．ここは意欲のある人だけが来ている．だから持ち帰るものがたくさんある」
と言う．この当事者はセルフヘルプ-グループと作業所の違いにつ

いて話している．職員の感じた表情の違いとは，当事者に言わせればこのような環境の違いに依拠するものなのだろうか．

　また，石井さんはある時，ここでは自分が利用者の話を「作業所の利用者と職員という関係」ではなく，「対等な立場で聞いている」ことに気づいたという．そして，その時間を自分自身が楽しんでいると話している．作業所職員もここではグループを構成する1人のメンバーという立場で参加しているため，自然に「対等な立場で聞く」という対応をしていたのかもしれない．

　メンバーの1人はセルフヘルプ-グループでの作業所職員との関係について，次のように述べている．

　「セルフヘルプ-グループは『癒しの場』．ここにはスタッフも自分も個人として来ている．対等な関係でいられる安心感がある」

　当事者も作業所職員もこの場における横並びの関係に気づき，安心できると肯定的に捉えている．

　福祉サービス提供者である作業所職員とその受け手である障害者といった固定した関係性から離れた，横並びの関係性を大切にしようとする「しごとミーティング」の試みが，当事者にも，スタッフにも安心感と癒しをもたらす結果となっている．

2）「パイプ役」を担い続けること

　別の作業所で職員をしている藤井康夫さんは，ボランティアとして参加するようになった経緯を次のように語ってくれた．

　「小規模作業所というのは，これまでその歴史的経緯からも，さまざまなものを引き受けてきた．多様化，複雑化している利用者のニーズを，ひとつ屋根の下で対応していくことには限界がある．限られた数のスタッフでは対応しきれないニーズも当然出てくる．それがうちの作業所では就労支援であったわけです」

　こうして作業所とは異なる場所でグループを始めようとした職業

相談員の意向と，作業所職員の意向がマッチングした．また，
　「作業所職員として，利用者の希望するさまざまな役割を作業所だけで引き受けなくとも，多くの場や機会があることを認めて，そうした場につなぐ『パイプ役』を果たすことができればいいと思えるようになった．自分が続けてここに来ていることがひとつの役割なのだと思えるようになった」
と述べている．
　「就労支援のことになると，職安まかせになりやすい」
という職安相談員の指摘にも，このようなグループにつなぐ「パイプ役」を作業所職員が担い続けてくれることで，連携と相互の役割分担を継続することになるだろう．

3）作業所での支援という枠組みから離れて考える意味
　藤井さんにとって「しごとミーティング」への参加は，役割意識によるものばかりではない．
　「さまざまな経歴を経てきた職安の相談員との交流や情報交換は，作業所内では得られない大きな刺激や魅力になっている」
と言う．作業所の職員は1つの作業所に2，3人というのがほとんどである．運営母体の同じ作業所がいくつかある場合には，相互に職員の行き来があったり，自治体が主催する作業所業務連絡会等に参加することで，職員同士の交流の機会もある．しかし，そのような活動に参加する機会の少ない作業所職員もいる．藤井さんは，
　「僕らの仕事って，作業所内で自己完結させようと思えばそれも可能なんです．だけど作業所は地域の中で機能していて，そこにはプロ，アマを問わず，いろいろ手をつないでいける人たちがいるはずなんです」
と言う．
　作業所職員にとって，所属機関以外でのセルフヘルプ-グループ

に参加することは，作業所での支援という枠組みから離れて地域の障害者の生活支援について考える機会となるようである．その上で，作業所の位置を改めて全体的な視野から確かめることができるということかもしれない．

　最後に，職業相談員の寺谷さんは，
「職安相談員が就労援助相談を進める上で，このミーティングの存在意義はとても大きいのよ」
と述べている．将来的には，このような就労をテーマにしたセルフヘルプ-グループを公的な障害者就労支援事業のひとつとして認めてもらおうと考えている．職業相談員や作業所職員，就労に関心のある当事者が集まるセルフヘルプ-グループは，障害者の就労支援の新たな活動展開を示すものであり，この事例はそうしたセルフヘルプ-グループに専門職（職安の相談員）の関わりと専門職ボランティア（作業所職員）としての関わりの両者が存在するというひとつのモデルであろう．

III
同じ社会でともに汗を流し苦しみ涙する仲間

【事例5】

1．当事者が運営する保健所デイケアの効用
2．仕事の分担の決め方
3．定例会「つどい」のテーマ
4．ともに活動する仲間という関わり

1．当事者が運営する保健所デイケアの効用

　1991（平成3）年当時，沖縄県の保健所は本土と同様，保健所デイケアを始めていた．当時沖縄では市町村に駐在する県の保健婦らがおり，地域の人が気軽に足を運ぶ公民館などの施設で精神障害者のデイケアを行っていた．しかし，精神保健福祉相談員である永山盛秀さんの所属する南部保健所ではデイケアがなかった．

どこの保健所でも2か月に1回から月2回程度しか実施していなかった．永山さんは，「デイケアを行う本来の意味を当事者の立場で考えてみたら，毎日やる必要がある」と考えた．そして，保健所内の職員と話し合いを重ね，少し強引に「毎日行うデイケア」を始めた．「むちゃなことをして」と周囲の職員から言われることもあったが，時には「実力行使することから物事が始まる」という信念のもと，あくまで当事者が望むことを優先した．

来所相談や執務室として使用していた保健所のひと部屋を，いきなり毎日当事者に開放した．永山さんは毎日デイケアに担当職員として張りついてはいられず，デイケアの運営は全面的に当事者に任せることになった．

ある時，保健所デイケアを見学に来た家族に，デイケアメンバーが対応するという状況が生じた．訪問から帰って来た精神保健福祉相談員の永山さんや保健婦は，デイケアメンバーから，「デイケアの見学者があったのでデイケアについて説明し，家族の相談にも応じた」という報告を受けた．その後，この家族はデイケアに自分の子供を連れて来るようになった．実に自然発生的に，専門職の意図しない当事者による活動が展開した．当事者が主体的に運営するデイケアを始めることから，当事者による当事者や家族への相談活動が始まった．家族はデイケアを見学するという場面で，子供と同じ障害を持つ当事者に，図らずも相談に乗ってもらうという体験をした．家族としての悩みを当事者に語り，聞いてもらえる体験を持ったのである．

永山さんは，
「デイケアはみんなの集まる場所になればいい」
と言う．当事者から毎日デイケアをやりたいという希望があれば，場所探しをすればいい．何も職員が月2回実施していたのと同様の保健所デイケアとして，その運営にもっぱら関わる必要はないのだ

と言う．

　現在，永山さんは県の職員を退職し，「ふれあいセンター」という新たな活動拠点に関わっている．保健所デイケア時代のこのような展開を引き継ぎ，

　「当事者たちが運営の主体となり，職員はその『伴走者』として関わり，どんどん任せるよう心がけている」
と言う．

２．仕事の分担の決め方

　次に「ふれあいセンター」を構成している有限会社「ふれあい」の活動を紹介しながら，永山さんによる当事者の主体性を尊重する関わりについて考えてみたい．

　筆者がお邪魔したのは，1998（平成10）年の２月であった．前日から沖縄入りをしていた取材班（筆者は「ゆうゆう」の取材班の一員であった）は，午前９時30分に現地に到着した．毎日９時30分には，「ふれあいセンター」２階の「地域交流室」で，永山さんと仲間たち総勢30名近くが，今日の仕事の分担を打ち合わせるという．

　「出張販売班は◇◇さん．『きく園芸訓練班』はどなたでしょうか」
　今日の司会を担当しているメンバーが皆に声をかけている．
　「○○が『きく園芸訓練班』をやります」
とすぐ隣から声がかかった．そのメンバーの隣にはちょっと元気のないメンバーが座っていた．○○さんは隣の人を誘って，
　「△△さん，いっしょに『きく園芸班』やらない，ねえ．私もいっしょにやるし……」
などと話している．あちこちでメンバー同士のこんなやり取りがある中で，次々に仕事の分担が決まった．「来客案内接客班」の担当メンバーと永山さんで見学者の対応をしている．筆者らも彼らの接

客を受けた．4階建のセンターの1階には店舗があり，そこで無農薬野菜や放し飼いの鶏が生んだ自然卵，低温殺菌でとてもおいしい牛乳などを販売している．店舗に並べられた商品は配達もする．

　注文した商品を確実に配達するために，メンバーたち自身で改訂を重ねて作られた注文リストがある．細かい項目チェック欄と担当者のサイン欄があり，責任の所在をはっきりさせている．ここの仕事は35コースもある．それらの中で外に出かける仕事が多い．出張販売班が5コース，送迎用運転班が6コース，「卵拾い」他職親訓練班が5コース，「県立てるしのワークセンター」の清掃や夜間警備，夕刊新聞配達班など，全部で35コースのうち26コースが外出メニューである．2階で作業している機関紙「ふれあい」の発送や官公庁職員用の名刺印刷作業，経理班，乳児保育班など9コースの「ふれあい作業班」が屋内の仕事である．すべての業務が班を構成している．あるコースの仕事に1人で出かける場合でも，仕事の責任は班全体で持つシステムである．そのため，1人で作業を任されると過度に責任感を持ってしまうメンバーも，仲間と仕事をしている安心感を持つことができる．

　ここで，有限会社「ふれあい工場」における就労支援の特徴についてまとめてみると，次のようになる．
　① この多様な仕事はすべてだれかが決めてしまったものではなく，かつ決して固定的なものでないということである．「ふれあいセンター」の仲間たちによる話し合いの中から次々と創り出され，これからも創られていく．
　② 出かける仕事を積極的に取り入れ，地域の人の社会的期待に応えていることである．
　③ 永山さんの精神保健福祉相談員としての経験に裏づけられた，諸制度の活用のうまさである．「ふれあい工場」の事業展開の核と

して永山さんの存在感は大きい．障害者を雇ってくれる事業所を探そうという発想を逆転させて，当事者と一緒に有限会社を創設し，障害者が協力しながらできる就労形態と仕事の内容を創り出していく経営方針を持っている．

3．定例会「つどい」のテーマ

ここで定期的に行われているセルフヘルプ-グループである定例会「つどい」を紹介する．

「つどい」は毎週水曜日の夜7時から9時に県社会福祉協議会（以下社協）で開催している．さまざまな症状や生活体験を当事者同士が語り合い，交流している．参加者が互いに癒され，支えられ，必要な情報を得られるセルフヘルプ-グループである．有限会社「ふれあい工場」の開設や機関紙「ふれあい」の発行と同時に，任意団体「メンバーズクラブふれあい」の活動の1つとしてスタートした．

「メンバーズクラブふれあい」は当事者だけのグループではなく，地域の人に開かれた会である．仲間の集い，語り合いの場として開かれている．テーマは参加者の多数決で決められる．平成7年と8年の2年間で合わせて96回開催されているので，タイトルから大まかに分類してみたので紹介しよう．

① 「精神障害，症状とどうつき合うのか」：23回（24.0%）
　「病歴を語る」「医者の活用の仕方」「幻聴の治し方」「不安をコントロールするには」「薬を飲むことについて」「精神病を治すにはどうすればいいか」「病気に対するコンプレックスの克服の仕方」「眠れない夜の過ごし方」「緊張のほぐし方」
② 「仕事」に関連する話題：22回（22.9%）

「仕事の意義」「職親制度について（パート3まである）」「仕事場における人間関係」「仕事を長続きさせる方法」「能力を発揮するにはどうしたらいいか」「仕事と休みの取り方」「職場の雰囲気を良くするには」「福祉株の説明」「ふれあい工場の説明」
③ 「人生について」の話題：21回（21.9％）
「人は何のために働くのか」「生き甲斐について」「宗教」「親亡き後の生き方について」「体験発表」
④ 「人生のパートナーや家族」に関連した話題：17回（18.8％）
「友情，恋愛，結婚について（パート3まである）」「自立していない人でも恋愛はOKか」「生きていく上で結婚は必要か」「友達（患者・恋人・仕事仲間）」「男と女のつき合い方」「家族愛，兄弟姉妹愛」「親の思い・子の思い」
⑤ その他：13回（13.5％）
「グランドゴルフ」「ビーチパーティ」「忘年会」「1週間を振り返って」等

4．ともに活動する仲間という関わり

　沖縄県精神障害者連合会に所属する高良正生さんが，第13回精神障害者リハビリテーション会議「精神障害者の社会復帰と社会参加を推進する全国会議」で報告したものの一部[14]を紹介し，精神障害当事者からみた支援者（永山さん）について考えることにしたい．

　「単会である『芽生えの会』の活動に5年，連合会活動の準備を含めた活動に2年にかけて関わり，さまざまな関係者に出会いました．最も積極的で協力的であったのが永山さんでした．保健所のデイケアから，また当事者仲間との話し合いの中から，『ふれあい工場』を仲間とともに設立したのです．永山さん本人がどう思ってい

るかはわかりませんが，私から言わせれば『支援者』ではなく，『ともに活動する仲間』でした．年もかなり上で名誉も地位もある人ですが，友達のように何でも本音で話し合いました．他にもよく相談に乗ってくれる人，助けてくれる人，協力してくれる人はたくさんいましたが，みんな自分は『支援者だ，サポーターだ』と一線引いた上での協力でした．

　しかし，永山さんは違いました．『自分は支援者だ』と言いながら，いつも私にこき使われ，まるで友達でした．私はそれでいいと思うのです．私たちにとっては一線引いてつき合ってくれる人よりも，真っ向からぶつかり，しかもやさしさをもって接してくれる，そんな友達のような仲間が必要だと思うのです．精神障害者とつき合うのはきれいごとではなく，お前たちを助けてやる，話を聞いてやる，ではだめなのです．私たちの中に入って，我々とともに汗を流し，苦しみ，涙するサポーター，と言うより『仲間』が必要です．

　確かに当事者同士でも可能ですが，支援者と当事者という違いを越えて，ともに活動する仲間として，一緒にやっていくのは決して無理なことではないでしょう．同じ時代を生きる人間同士，仲間としてつき合ってくれることを望みます．

　『一般社会に出たら，はい終わり』ではなく，ずっとつき合っていきたいものです．当事者活動だからといって，当事者だけがやればいいとは思いません．当事者，支援者ではなく，同じ社会に生きる仲間として，ともに力を合わせていこうということです」

Ⅳ クラブハウスに見る セルフヘルプの実際

【事例6】

1. クラブハウスとは
2. クラブハウスの運営方法
3.「セルフヘルプ」と「参加」という価値
4. 関係性と能力
5. 患者会活動から拠点づくりへ
6. 作業所とは違う志向性と当たり前の理屈

　本節では「パートナーシップと共同作業」をサービスモデルの重要な要素と考えているクラブハウスの活動について，具体的な場面を記述することから，メンバーと職員の関係性について考察してみたい．

　近年日本でも，クラブハウスモデルを実践する試みが増えている．このモデルは，保健所デイケア等の行政サービスや，小規模作業所や社会復帰施設の活動とは違う．クラブハウスモデルがどのようなものであるのかを紹介し，その上で，これまでの援助関係における

限界を補う新たな当事者と職員の関係性について考察してみたい．

1．クラブハウスとは

　精神障害者のクラブハウスは「会員が活動の中心である」と謳われている．精神障害者は会員としてさまざまな生活支援サービスの運営に関与し，サービスを利用する．これは地域リハビリテーションの1つのモデルである．

　クラブハウスは家族に代わるものとして形成され，維持されるコミュニティである．より広い地域社会に出るための「恒常的な架け橋」となるものである．何らかの事情で家族がこのような役割を担うことが困難な場合に，「最も身近な社会的なグループ」としてクラブハウスが必要となる．長期に入院していた精神障害者が退院する場合，家族がこのような役割を恒常的に担いきれないことがある．クラブハウスには入院中から会員登録し，所属することができる．

　クラブハウス方式の元祖はアメリカの「ファウンテンハウス」である．1948年にニューヨークで精神病院からの退院者4名によって世界で初めてできたものである．「せっかく退院できても，世間に出れば仕事も，友人も，家族の援助もない．こんな環境だと再入院することになってしまう．でも，私たちは一緒にいれば入院せずに生きていける」という退院者の思いから「ファウンテンハウス」はできた．

　精神障害ゆえに社会において孤立しやすいという状況は日本も米国も同じである．精神障害者が一緒になってお互いの問題解決に協力し，助け合い，励まし合えば，生活を再建する時に直面するさまざまな障害に打ち勝つことができることに気づいた．以来，ファウンテンハウスは精神障害者1人1人の持つ可能性を開発できるようなプログラムを開拓している．

人間が価値ある人生を生きるためには、物理的空間だけではなく、「その人が所属する社会的な場所」が必要であるというのが、クラブハウスにおける人間観である。クラブハウスは社会から孤立し、所属できるコミュニティを持たなかった精神障害者のために、身近な社会的コミュニティであることを目指したのである。

2．クラブハウスの運営方法

クラブハウスはその運営方法に特徴がある。クラブハウスの会員は「メンバー」と呼ばれるが、メンバーになるかどうかは個人の意志による。メンバーはクラブハウスというコミュニティへの脅威にならない限り、いつでも再入会できることになっている。

クラブハウスでは運営を維持するためのさまざまな仕事をメンバーとスタッフが手を携えて行う。この仕事の分担が重要な役割を担うのである。クラブハウスの仕事に貢献することで、その人の持つ長所、才能、能力に焦点が当てられ、信頼関係を築き、自分自身の価値や自信を取り戻すことを可能にするのである。

クラブハウスの仕事はスタッフだけではこなしきれないほどの量がある。そのため、メンバーの参加がなくなればたちまちクラブハウスの運営が滞ってしまう。例えば、キッチンで200名分の昼食を準備するとしよう。2人のスタッフではとても賄うことはできないが、10名のメンバーと一緒に取り組めば安くて、おいしい昼食を提供することができる。1人1人のメンバーはクラブハウスの仕事に必要な人としていつも期待されている。そして、「意味ある仕事」に従事し、貢献することを通じて、感謝される経験をする。

また、「仕事」に貢献する努力を通じて信頼関係が築かれる。2人の人が仕事を一緒に進めていくうちに、お互いに頼り合い、役割を分かち合う。お互いに希望や不安を分かち合うようになる。

このようにクラブハウスでは，仕事を分担していくことにより，メンバーが信頼関係を築き，潜在能力を開拓し，自己の価値を回復するようになる．クラブハウスが価値を置く「相互信頼」と「意味ある仕事」というキーワードは，こうした活動形態により保障されている．

3．「セルフヘルプ」と「参加」という価値

　クラブハウスモデルとはどのようなものなのかについて，クラブハウス方式の元祖「ファウンテンハウス」を例に紹介した．一言で言うと，精神病院から退院し，地域生活を送る精神障害者が，孤独な生活でも，そこに参加することで支え合ったり，助け合ったり，励まし合ったりという関係がごく自然に生まれ，お互いになくてはならない人と人との関わりの場であると理解できる．

　そのような場があることは，精神障害者にとって，生活する上での負担を大いに軽くする．このような環境要因の効用について，日本のクラブハウス「はばたき」のメンバーの1人は，「結果的に病気を重くしないようにする効果も持つ環境である」と評価している．精神障害者は病いに対処する医療的援助とともに，病状を自己管理するために，支え合って仕事をすることや，信頼し合える人に出会える環境が必要であることを明らかにしている．

　クラブハウスにはメンバーや職員という違いを越えた支え合いがあり，かつそこでは1人1人の能力に応じて人に役立ち，認められ，感謝される活動に自由に参加できる．クラブハウスという空間にいることで，仕事はいくらでも見つけ出すことができる．このハウスには「この仕事をしてください」と言ってくれる人はだれもいないが，ここのハウスを維持し発展させるために，何から，どのように取り組んだらいいのか，クラブハウスの職員とメンバーが対等に検

討できる権利が保障されている．

クラブハウスが価値を置く「参加」とは，クラブハウスにおけるすべてのことを一緒に考える日々の積み重ねによって，具体化するのである．

クラブハウス内で運営に必要な仕事を行うことの目的は，賃金を得ることではなく，自信と誇りを回復することである．また，賃金は，クラブハウスの就労支援プログラムである「過渡的雇用」などを通して，一般社会の中で得ようと考えている．

4．関係性と能力

能力こそが重視され，能力が発揮された結果が評価の対象とされる状況は，精神障害者にとってたいへん緊張し，きつい場面となる．さらに，それ以前の問題，例えば挨拶ができること，遅刻せずに毎日通所できること，職員と良好な関係が持てること，といった能力の発揮以前のことが重視されることも一般社会では少なくない．就労へのステップはそうした社会常識に従う行動をとることをまず要求される場合がある．しかし，緊張と苦戦しながら就労に挑む障害者にとって，仕事を覚えることに加えて，そうした職場の人の目を過度に気にして苦痛を感じてしまうことが少なくない．

セルフヘルプに価値を置くクラブハウスでは，1人1人が持っている力や知恵を発揮して，運営やサービスを考えることが期待される．家族のようなシステム，地域社会に出かけるための架け橋となるクラブハウスに参加していることは，メンバーの力を存分に発揮させる基盤となるのである．そして，自信を取り戻したメンバーは，クラブハウスが開拓した事業所で，6か月から9か月間就労体験をすることができる「過渡的雇用」を体験することにより，一般就労への道が開かれている．

5．患者会活動から拠点づくりへ

「はばたき」の前身は，1984（昭和59）年に発足した小平市精神障害者回復者クラブ「ぶんぶんクラブ」である．「ぶんぶんクラブ」は，都内で初めてできた小規模作業所「あさやけ第2作業所」の2階を時々借りて活動していた．1995（平成7）年に編集・発行された「ぶんぶんクラブ創立十周年記念文集：第4号　軌跡」には，1984（昭和59）年当時，小平市に保健所デイケア月2回と小規模作業所2か所しかないころ，精神障害者ソーシャルクラブとして誕生したと書かれている．この文集はクラブハウスに関わった「ぶんぶんクラブ」のメンバーを始め，「あさやけ第2作業所」職員，保健所長，保健所保健婦，医療機関のソーシャルワーカー，他の市職員や病院患者会代表者によって綴られている．

「ぶんぶんクラブ」が「そろそろ自分たちの活動拠点がほしい」という夢を描いたことから，今日の「クラブハウスはばたき」が実現した．彼らはより自分たちの主体的な活動の場をアメリカのファウンテンハウスに求め，何人かが渡米した．自分たちの目で見て確かめ，「これだ」と確信し，実現に向けて取り組み始めたのであった．

「ぶんぶんクラブ」はもともとソーシャルクラブであるから，何らかの作業を請け負い，仕事をする作業所のような場所ではない．「ぶんぶんクラブ」を前身とする「はばたき」のメンバーも作業所の通所者同様社会復帰を目指しているが，活動内容も進め方も，もちろん職員の対応も作業所とは違う．

クラブハウスは，メンバーとスタッフ双方により運営される．メンバーとスタッフが共に各ユニットで働くことにより，今まで気づかなかった自分の能力を発見したり，1人の人間として尊重される

体験を持つことができる．

6．作業所とは違う志向性と当たり前の理屈

「はばたき」のメンバーの1人は，
「お金を払ってもここへ来たい」
と述べている．ここには，自宅近くの作業所に行くより，交通費が数倍必要となろうとも通って来るメンバーがいる．その意味が「はばたき」でいっしょに時間を過ごし，彼らの話を聞いていると納得できる．作業所では得難いものがクラブハウスにはある．それをメンバーの言葉から紹介したい．

ある小規模作業所に通所していた時の出来事であるという．

「作業所に通所して間もないころ，少しなじめないこともあり，行ったり行かなかったりという状況であった．作業所職員から，毎日来ないと力にならないよと言われたが，ほんとうだろうかと感じた．毎日来いという作業所職員に従うことが，果たしてほんとうに力をつけることになるのか．自分には納得できなかった」

「ほんとうなのか」と疑問に感じたことは，彼なりの現実検討である．確かに，規則正しく，言われたとおりに作業所の仕事をすることで力がつく人もいる．しかし，逆にそうした状況であると力を発揮できない人だっているだろう．だから，「毎日来ないと力にならない」とは言い切れないだろう．たまに来て，思いっきり力を発揮して仲間に感謝されるメンバーもいるかもしれない．

このような理屈，すなわち，人それぞれにコンディションやタイミングがあるのだということが，「当たり前」として通用している作業所はごく一部であると思う．精神障害者の社会復帰・社会参加を考える時には，どうしたら効果的に支援できるのかを考えること，つまり活動の質的な評価を検討することが重要となる．社会復帰や

社会参加は，社会のレールを踏み外した精神障害者を，再びレールに乗せ直す作業では決してないはずである．障害者がそこに乗りたくないと思えば，当然自らそのレールを降りるだろう．降りる勇気と降りてからの自分の生活をどうするかを考えていく前向きさがあれば，「力」は発揮される．

「たばこの時間，たばこの本数まで職員に決められている作業所もある」

と言う．決めてもらう必要のある時も確かにあるかもしれないが，決めてもらう場面に当事者が参加しているかどうかが重要であろう．

クラブハウスではそこが当然の権利として保障されている．職員は何でも「どうですか」と尋ねていっしょに決めていく．当事者と職員との対等性は，そのような日常の関わりの中で確保されていく．何でも話し合いで決めていく．話し合いの場での意見こそ，クラブハウスの運営や活動に反映されるものなのである．

また，職員とメンバーはいつも同じことをしている．どちらからも自由に意見を述べ，活動を提案できる．権限はどちらにもない．取材にあたりひとこと質問をすると，自信を持って最初に答えてくれるのはメンバーであった．メンバーがいつも職員といっしょになってクラブハウスの活動を考えているから，クラブハウスに関する情報を自信を持って答えることができるのである．

メンバーの1人は，

「作業所に行くようにと言われ，作業所に通い，たばこの時間を守るようにと言われ，決められた時間に決められた本数のたばこを吸うことを守るという人に決められてしまう日々の生活は，今思うとまるで保育園の園児のような扱い方であった．職員に『私の子供たち』と言われたこともある」

と話してくれた．子供という表現は，親のように障害者のことを心配していることの表われであったのかもしれない．しかし，職員か

ら子供のように扱われ，心配され，諭され，援助されることを苦痛と感じる障害者がいるということが重要なことである．当事者もスタッフも対等に活動に参加できるクラブハウスのような場こそ，力を存分に発揮できることを保障する環境と言える．

　専門職はこのようなクラブハウスモデルからも，多くのことを学ぶのではないだろうか．

第 3 章

これまでのセルフヘルプ - グループ と 専門職についての研究

第3章 これまでのセルフヘルプ-グループと専門職についての研究

　本章ではセルフヘルプ-グループと専門職との関わりについて述べ，紹介した6つの事例が歴史の歩みの中で，どのような位置づけにあるのかを考えてみたい．

　そのために，これまでの精神障害者セルフヘルプ-グループ研究を引用しながら，歴史的流れと概念を確認したい．

　セルフヘルプ-グループの歴史的流れを概観すると，その思想的な違い，必要性，グループの作られ方などによって，3つの流れが見られる．

　第1の流れは，1950年代の院内患者自治会の活動に始まり，病院を退院した回復者による，あくまで精神病院に入院経験を持つがゆえの苦しみを動機とし，1970年前後の世界的な「造反有理」や「自己否定の論理」を反映した反精神医学的な思想を持つ運動としての患者会活動である．

　第2の流れは，同様の院内患者自治会の活動から始まりながらも，およそ1960年代に始まる精神医療との協調関係を持つ流れである．この中には「あすなろ会」のように，治療共同体もしくは退院者クラブといった医療従事者による援助をうまく活用しながら，入院医療体験者が医療従事者とともに，望ましい医療のあり方を探ろうとした動きとなって発展した．

　第3の流れは，およそ1980年代以降，この20年間の制度施策の動向を背景とした当事者活動が上げられる．地域の保健所デイケアやソーシャルクラブ，小規模作業所，医療デイケアといった通所施設，また，グループホームのような日々の暮らしの場において，専門職による支援のもとに活動を続け，発展させている流れである．

　このような歴史的流れにある日本の精神障害者セルフヘルプ-グループの中で，本書で筆者が6つの事例から考察とすすめていこうとするのは，端的に言うと「第3の流れのグループ」である．

その理由は以下に述べるとおりである．

　第1の流れについては，筆者が反精神医学的な立場にはないということ，また，実態はともかく，もともと専門職の関わりを望まないグループであるため，支援のあり方に対して考察することが困難であるためである．第2のグループについては，これまで多くの研究者によってすでに論じられており[15]，改めて本章で考察する必要が乏しいと判断したためである．このような理由で，本章で取り上げる事例は，最近増えてきている地域の保健所，小規模作業所といった通所の場やグループホームなど，日々の暮らしの場に関連の深い拠点あるいはそうした場とのつながりをもちながら活動しているグループである．

I
精神障害者セルフヘルプ-グループ組織化の歴史

　遠山照彦[16]は，
「患者会のルーツは1950年から1960年代の精神病院患者自治会である」
と述べている．また，岩田泰夫[17]は，
「精神病院における患者の自治活動は1957（昭和32）年に東京都世田谷区にある松沢病院に始まる．この活動のきっかけは，1948（昭和23）年の松の緑という文集の発行を目的とした『更生懇談会』という語り合いの会が始まりである．その後1956（昭和31）年院内

殴打事件に際し,病院当局への患者の不満をまとめ,組織的に要望する目的をもった活動として自主運営化への道を辿った.1950年代はいくつかの医療機関内に『患者自治会』が生まれた」
と述べ,遠山の記述とほぼ一致する.このように精神障害者のセルフヘルプ-グループは,院内の患者会をルーツとし,およそ1950年代に始まったものと考えられている.

　田中英樹[18]は,
「精神障害者のセルフヘルプ-グループが,1960年代前半の外来患者の集まり(退院者クラブ)や病院内自治会から始まった.それは病院の保護処遇,治療システムとして,専門職管理を基本に開放的処遇,治療共同体の実践として組織化された.1963(昭和38)年島根県中央病院患者クラブ『交友会』の発足,1966(昭和41)年『あけぼの会』(鹿児島の県立病院),1967(昭和42)年『あすなろ会』の誕生(初声荘病院)など7グループが発足している.1968(昭和43)年『大師ひまわり会』(川崎市大師保健所),『あゆみ会』(三重・高茶屋病院),1969(昭和44)年友愛会(神奈川精神衛生センター),『東京あすなろ会』,1970(昭和45)年『灯会』(大阪光愛病院),『鈴クラブ』(刈谷市),『すみれ会』(道立精神衛生センター)あたりから地域での組織化も始まっているが,保健所や当時の精神衛生センターの専門職が主導している.1970(昭和45)年には『やどかりの里』が開設され,1971(昭和46)年『境町若草会』(群馬),『道の会』(愛知・犬山病院),『あひるの会』(川崎市精神衛生相談センター),『三瓶友の会』(島根県太田市),『スマイル会』(岡山市),1972(昭和47)年『朋友の会』(やどかりの里),『がんばろう会』(大阪・浅香山病院),『あった会』(国立精神保健研究所)あたりまでは単会グループも専門職の関わりが強い.それもかなり治療的目的や保護的色彩が強かった」

と述べている．このように，1960年代前半の病院職員の支援のもとでの院内外の患者会から始まり，1970年代には保健所や精神保健福祉センター職員，そのほか地域施設による組織化が始まっている．

「あすなろ会」年表[15]によると，1967（昭和42）年に神奈川県の初声荘病院患者会である「あすなろ会」は発足した．この病院は1962（昭和37）年開院当時から，治療共同体の理念により，患者，医師，看護婦，他の職員とが毎日ミーティングを行っていた．それまで病院職員が管理していた院内作業に従事している当事者が稼いだ収入の一部を，患者会のレクレーションに使用するために，患者会自らが管理・運営する活動を始めたことから会の発足となっている，という．

遠山，岩田，田中などが述べるように，病院職員の支援による患者会活動に始まり，その後，保健所や小規模作業所といった地域の精神保健福祉活動の拠点における当事者活動といった経緯が見られたと理解できる．保健所精神障害者社会復帰相談指導事業（保健所デイケア）は1975（昭和50）年に始まり，1987（昭和62）年には保健所デイ・ケア事業が開始された．小規模作業所は1987（昭和62）年に全国精神障害者家族会連合会を通じて，家族会等が実施する小規模作業所活動に対する国による運営費補助が制度化され，全国の小規模作業所活動はその数も年々増加している．

1980年代以降のセルフヘルプ・グループの趨勢について，岩田は，「日本の精神障害者セルフヘルプ・グループはしだいに増加傾向にあり，現在あるグループのうち1980年代以降に設立したグループが全体の7割を占める．特に1990年代の増加は著しい」と述べており[17]，保健所デイケアや小規模作業所の活動の広がりとセルフヘルプ・グループの増加がほぼ年代的に一致していることがわかる．

谷中輝雄は1972（昭和47）年にやどかりの里の訓練過程卒業者25名を中心に活動を始めた「朋友の会」に関わり，同時期に活動を始めた神奈川県の「あすなろ会」＜1967（昭和42）年＞や北海道の「すみれ会」＜1970（昭和45）年＞とともに，全国の患者会活動の展開への支援に関わっている．全国の患者会交流は「全国交流集会」という名称で1976（昭和51）年から毎年1回開催され，全国の患者会が一堂に集い，語り合う機会が持たれている．

　この全国集会は7回目で解散，1983（昭和58）年富山県で「全国精神障害者社会復帰活動連絡協議会（全精社連）」という名称で新たに活動を開始している．こうした全国集会参加団体の動向について谷中は，

「1983（昭和58）年当時は保健所デイケアや病院の患者会が多く，最近（1990年代）になってから小規模作業所の参加が見られるようになった」

と述べている[19]．

　家族会が経済的な支援もなく細々と活動していた小規模作業所に，1987（昭和62）年に運営費補助が制度化され，全国的にその数が増加する時期とも一致する．

　さて，このような院内患者会から地域の拠点を中心としたセルフヘルプ-グループの展開とは，まったく別の歩みを持つ患者会がある．「病」者の本出版委員会[20]のまとめた「精神病」者運動の歴史と題した年表資料によると，1963（昭和38）年の「島根中央病院患者クラブ」が最初の院内の患者会として登場している．その後，1970（昭和45）年に大阪府の「灯会」や北海道の「すみれ会」，1971（昭和46）年に愛知県の「0（ゼロ）の会」，島根県の「つぼみ会」，1972（昭和47）年に京都府の「岩倉病院患者自治会」，1973（昭

48）年に「東京都精神障害者友の会」と続き，1974（昭和49）年に「第1回全国精神障害患者集会」（後の全国「精神病」者集団）が東京で開かれている．

　このような運動としての患者会活動は，院内の患者会活動にとどまることなく，地を這うような精神「病」者としての物語を持つ強烈な個性と，「病」者性を主体とした社会変革を目指して運動していこうとする．「反社会復帰」や「働かない権利」を主張し，病者を型にはめようとするあらゆる管理を敵とし，健常者によって作られた社会の常識や組織の枠に決しておさまることはない，「病」者による「病」者のための運動を展開している．京都の「前進友の会」や北海道の「すみれ会」のように，小規模作業所の活動運営を当事者が主体となって行う所も見られている．

　元々公に対する運動を展開してきた経緯もあったが，自分たちの活動を継続するために対行政闘争を続け，補助金獲得を果たしている．

　このように，これまでの精神障害者セルフヘルプ-グループの歴史的な流れを見ると，大きく3つの流れがある．すなわち，
　① 反精神医療的な思想を持つ運動としての患者会活動の流れ，
　② 精神医療との協調関係を持つ流れ，
　③ 地域の機関や施設の専門職による支援のもとに活動を続けるグループという流れ，
である．

II
専門職の関わりに関する研究の動向

　最近の研究の動向，特に1990年代以降のセルフヘルプ-グループと専門職の関わりに視点を当てた研究を概観すると，①　セルフヘルプ-グループそのものの固有の機能や社会的な役割や位置づけを明らかにしたもの，②　専門職の支援の必要性を明らかにしたもの，③　参加に当たっての役割を限定的に捉えながら，具体的にどのように関わるかを提示したもの，に整理できる．

　三田優子・大島巌ら[21]は，当事者のみの組織は143か所で全体の1/3ぐらいであるというように，実際の精神障害回復者の当事者グ

ループは，代表者がいないため専門家が代表者をするなど，組織としての確立度が低く，専門家の関与が強い現状を紹介している．

遠山照彦[16]は，セルフヘルプ-グループを自立度により，
「① 訓練組織内のインフォーマルグループ型，② 援助者リード型，③ 患者・援助者共同型，④ 患者主体型，⑤ 患者自立型という5つに分類している．また，患者会の役割を，① 心理面での支え合い，② 生活面での支え合い，③ 権利主張や要求実現を目指す運動体，という3つの役割機能があると整理し，中でも①と②は患者会に共通しているものであると述べている．さらに，精神障害者自身による自立した患者会の組織化が困難である要因は，自己主張が苦手であり，仲間づくりがへたであるといった精神疾患の特性もあるが，より根本的には，他の障害者に比べて偏見が強く，自らの存在・権利を主張するのにより多くの勇気を要するという点にある」
と述べている．しかし，そうした困難な社会的背景にあっても，マスコミや出版を通じて実名で一般市民向けにメッセージを送るようになってきており，患者の苦悩や精神医療保健の問題を一般の人々に理解してもらうインパクトが大きい方法である，と評価している．
さらに，
「そのような精神障害者の患者会は，患者のみで構成されていたり，特にその発足から患者のみで会をスタートさせてきたというものは少なく，普通は専門家（医者，PSW，保健所職員，作業所の職員など）や家族会の援助を受けつつスタートし，数年経ってようやく自立していくというケースが多いが，専門家の関与があっても自助組織であると考えていいのではないか」
という見解を述べている．その場合，専門家はあくまでも患者の自主性を尊重し，その利益のためにボランティアとして関与する，と

いう役割の限定をしている.

　また,そもそも精神障害者患者会が1950年から1960年代の精神病院患者自治会から始まり,そこで患者は仲間づくりの支え合いというものを体験し,治療スタッフは患者の自主性・主体性・能力を見直した.患者会活動により,患者も治療者も治療主体と被対象という縦の依存関係から,初めて同等の立場でともに協力し合って病いに対処していくという位置関係を持つことができた.これは発想の逆転であり,その後の地域実践に取り入れられた関係性であると述べている.

　三島一郎[22,23]は,当事者が社会的な価値の引き下げを被っており,生きていく上での力の獲得(エンパワーメント)がセルフヘルプ-グループの中心的活動となるとし,個人,グループ,コミュニティの各レベルでのエンパワーメントを,相互の関連性を見ながら考察するモデルとなると述べている.また,専門職がセルフヘルプ-グループに関わることについて,専門職の内側にある構えや専門職中心主義が持ち込まれ,セルフヘルプ-グループ独自の意味が失われる危険性を指摘し,専門職は専門性を放棄すべきでないと警告している.

　ガートナーとリースマン(Gartner.A. & Riessman.F.)[24],ヒル(Hill.K.)[25]は,セルフヘルプ-グループのアプローチを理想化し,専門性を卑下し,自己の統合性を失う危険性を述べ,専門職としての援助の方向性や実践は,非専門的なセルフヘルプ-グループとは別に考え,援助を再構築するという課題を明らかにしている.また,従来の互いの関わり方の質の転換は,セルフヘルプ-グループ側にも外的システム(医療福祉保健の各種専門機関による専門職の援助システム)の側にも求められ,両者の相互作用や連関の中か

ら，望むべくはセルフヘルプ-グループに，インサイダーの視点からの新たなサービスシステムのパラダイムや役割変更を提示することであるという．

岩間文雄[26]は，サービスの相違点や両者の関係の持ち方に内在する問題点，支援者の役割を整理している．セルフヘルプ-グループの現状から専門職が担うことのできる役割は，① セルフヘルプ-グループに対する深い理解，② セルフヘルプ-グループの成長と自立に導く援助，③ セルフヘルプ-グループを生み出す環境整備，の3つであり，②「セルフヘルプ-グループの成長と自立に導く援助」は，相互援助が起こる過程や経験的知識の価値を理解する者であれば，ボランティア，家族，当事者も提供できるという．

しかし，専門職が支援する利点として，セルフヘルプ-グループの仲間が共有する問題の特性に応じた支援ができる点を挙げ，精神障害者の場合，① 病状の配慮と負担の軽減を意図した凝集性の低い集団にする提案，② 情報，文献，資源の調達（つまり，情報のネットワーク化），③ クライエントにセルフヘルプ-グループを紹介すること，の3つがあるという．そうした意味で岩間は，セルフヘルプ-グループと専門職は共存でき，異質のサービスを提供し合う関係を持つ可能性があり，実践現場から「協働する関係における効果的な枠組み」が作られることへの期待を述べている．

市川文子[27]は，セルフヘルプ-グループにおけるミーティングは，当事者が他の当事者の経験を聞いたり，自分の経験を話すことを通じて，自分自身で自分の心的な部分を癒していく場であり，専門家（医者）は当事者が「治療しよう」という気持ちの持ち方や生き方に関する答えを与えようとする．これはセルフヘルプ-グループにおいて「だれもが対等である」という関係を壊す．医者の社会的な

属性はミーティングでも取り外すことができず，当事者は彼らを「医者として」しか見ないため，反発したり，頼ったりすることになり，セルフヘルプ-グループの効果を半減させる，と述べている．

　高松里（心理）[28]は，薬物依存症や性的虐待のセルフヘルプ-グループに関わる中で，専門職の援助の特徴は「治療モデル」であり，セルフヘルプ-グループの援助は「サバイバルモデル」であるとする．治療を必要とする症状を抱える当事者にとって，専門職は治療的な意味で役に立つが，なぜこの症状が起きているのかについて意外に無理解で，傷つけられてきた当事者は多く，中には2度と専門職と関わりたくないというセルフヘルプ-グループもあるという．「治療モデル」では問題は改善すべきもの，改善できるものと考えるが，セルフヘルプ-グループにおける「サバイバルモデル」では，現状を肯定し，問題とどうつき合うかを考え，問題を受け入れることすらできずに苦悩していたとしても，その状況を生き延びることを見守る場であると述べる．そして，専門職とセルフヘルプ-グループは異なる機能を尊重し合い，生き延びてきた当事者は難しい状況をコントロールする力を持っている人であり，彼らの自己決定の力を信じることが必要であるという．最後に専門職は治療を受けることをしばしば勧めるが，「治ることを目的としないカウンセリング」として，生き延びていくことに淡々とつき合う専門的な援助も重視されるべきだと述べており，専門職の援助がすでにセルフヘルプ-グループから学んだことを踏まえ，新たな専門的な援助の模索が始められている兆しを感じる．

　同様のことは，「精神医療ユーザーがめざすもの～欧米のセルフヘルプ活動」[29]の中でメアリ=オーヘーガン（Mary O'Hagan）が次のように指摘している．

「専門家のシステムは来所した人を何らかの形で受け入れられない人たちだと見なし，専門家は彼らを変えるために存在し，一方セルフヘルプ-グループは変わらなければならないという強制は一切なく，支え力を与えてくれるもの，無抵抗な犠牲者ではなく，自分自身の人生に責任を持つ者として見られる．自殺したい時に深夜友人に電話するのと，危機介入システムに電話するのでは対処の仕方が違う．友達は自殺したい気分の問話を聞いてくれ，専門家はしばしば病院に押し込める」

専門職による「治療すべき対象」という視点と役割意識，さらに専門職ゆえの権力の行使という点で，セルフヘルプ-グループにおける援助とは大きく異なると理解されている．

さて，それでは，このような専門職の支援に関する多様な理解を踏まえつつ，近年の動向について詳しい岩田[30]の記述を引用してみたい．

岩田は，「障害者自身の力による仲間同士の支え合いとして十分に機能し，活動が継続し，発展しているとは言い難い頼りない状況にある．(中略)既存の精神保健システムや専門職とは『パートナー』，『対等な立場』ではなく，むしろ既存のシステムに依存した上下関係のもとに成立し，専門職は『保護者』になっている」と指摘する．このことは，日本における精神障害者のセルフヘルプ-グループと専門職の関わりが，お互いの立場と役割を尊重し合う関係性ではないことを意味する．このような関係性は，専門職による対象認識が「自分で自分の問題を解決する能力を本質的に持っている人」というものに至らない現状に由来すると考えられる．ゆえに，久保紘章[31]による「同じ立場の仲間同士がお互いに支え合い，当事者たちが相互扶助により自らの問題解決を図る」というセルフヘルプ-グループ本来の力を発揮しやすくする方向の支援となりにくいこと

が危惧される．

　アダムス（Adams.R.）[32]による専門職とセルフヘルプ-グループとの関係の取り方の3つのタイプを引用するなら，確かに専門職はこれまで，①　取り込み，②　側面から援助，③　専門職から自立，のうちの「取り込みタイプ」が多かったかもしれない．この表現からどうしてもマイナスイメージを抱きやすい．

　しかし，ある時，「当事者たちが相互扶助により自らの問題解決を図る特徴的な機能」をうまく発揮しているセルフヘルプ-グループとそれを支援する専門職に出会った．その時の専門職は，従来の「援助する者と援助される者という関係性の枠組」とは異なる「対象者観および関わりの方法」を身につけているように思われた．

　そこには，セルフヘルプ-グループとの適切な距離や関係性というものがあるように思われた．事例研究を進めてみようと思ったのはこのような出会いが大きく影響していると思われる．

III
全国の精神障害者セルフヘルプ-グループ

（岩田による調査を中心に）

1. 調査方法
2. セルフヘルプ-グループの運営形態別分類
3. 運営形態別分類による活動内容
4. 精神保健システムや専門職との関係について
   岩田による考察
5. 岩田の研究結果と考察から考えられること

　精神障害者のセルフヘルプ-グループについての全国的な数量的調査研究には,「精神障害回復者のセルフヘルプ-グループに関する実態と意義」[21]や「精神障害者の福祉施策としてのセルフヘルプ-グループに関する研究」（代表渡嘉敷暁：平成5年度厚生科学研究報告書, 1995）がある.

　岩田は精神障害者のセルフヘルプ-グループについて, 1995（平成7）年7月に明らかになっていた375のセルフヘルプ-グループを対象とし「グループの概況調査」[17]を行っている. 過去の2回に続

く精神障害者に関するセルフヘルプ-グループの実態を把握する上での貴重な研究であり，その内容を紹介したい．

1．調査方法

岩田は調査方法として，全国の都道府県の精神保健福祉センターや保健所への調査を実施し，そこで把握された375のグループに対し，グループの代表者および支援者への手紙や電話による聞き取り調査を実施している．このような実態把握を目的とした全国調査の難しい点は，およその調査対象を把握しておくことであり，行政あるいは民間の組織や機関に問い合わせることである程度の実態把握できる場合には，かなり正確な調査結果が得られる可能性があるが，精神障害者のセルフヘルプ-グループは，先にも述べたように，医療機関，保健所，作業所，社会福祉協議会等多様な機関や組織が関わりを持っており，さらにそうしたグループの中にはセルフヘルプ-グループと言えるほどには当事者が主体的に関わっていない場合もある．

グループの実施されている場所だけで，それがセルフヘルプ-グループか，治療的意味を持つグループであるかということは判断できず，回収された調査結果の活動内容をていねいに読むことで，初めて調査者のセルフヘルプ-グループ基準に該当する活動であるか否かが判断できる．

この調査研究は，そのような実態把握上の数々の困難を乗り越えて調査を実施し，一定の結果を報告している点で，精神障害者のセルフヘルプ-グループ研究において1つの大きな意味を持つものである．

2. セルフヘルプ-グループの運営形態別分類

岩田は当初調査対象と考えられていた375のグループを，セルフヘルプ-グループの運営形態別に整理している[17]．375のグループのうち126のグループは，あらかじめ考えられていた「セルフヘルプ-グループ」の定義に当てはまらない「専門職による運営型」に該当するグループであり，さらに，調査を依頼した精神保健福祉センターや保健所といった専門機関で，その活動内容や専門職による支援の実態が明かではないグループが87グループ（「不明」）あった．残りの162グループのうち，① 専門職から独立しているものが31グループ，② 専門職が支援しているものが31グループ，③ リーダー格の当事者が全体を主導しているグループが12グループ，④ 専門職との協同型が42グループ，⑤ 専門機関のグループワークのOB会が46グループ，ということが明らかになった．この研究で，専門機関の把握しているセルフヘルプ-グループのうち，専門機関のグループワークのOB会と専門職と協同したグループが多いということが明らかにされた．

3. 運営形態別分類による活動内容

これらのグループのうち，回答項目が網羅的に記入され，統計処理できるものは最終的に110グループであり，これらのグループの活動内容等について成果をまとめて報告している．

セルフヘルプ-グループの目的については，欧米でのセルフヘルプ-グループは既存の精神保健システムに対抗する「オルタナティブ」としての性格と思想性を持ち，積極的なソーシャル-アクションやアドボカシー活動を展開する場合が多いが，日本では，仲間づ

くり，楽しくひとときを過ごすといった，メンバー個人の孤独感の解消やパーソナル-ソーシャルサポート-ネットワークの拡充という面が重要視されている．また，グループ活動内容については，グループの8割が活動拠点として一定の場所を確保し，平均月1回ペースの例会を実施している．ミーティングや総会活動，ボランティア活動，ソーシャル-アクションなどの活動は少なく，メンバー同士の親睦を図る活動内容がその中心を占める．

4．精神保健システムや専門職との関係について岩田による考察

　精神保健システム，専門職との関係は，本来的には既存の精神保健システムと対抗したり代替機能を担うというのではなく，相互に役割分担的なスタンスを維持し，システムの中に既存のサービス供給主体と共存している存在である．そうしたグループと専門職の共存的な関係は，個々のメンバーと専門職との関係から影響を受け，日常的な治療・援助関係がそのような関係にあるために，セルフヘルプ-グループと専門職の関係もそのような関係にある．しかし，現在の日本の精神障害者のセルフヘルプ-グループのほとんどは，専門職の支援によって初めて誕生と存続が可能になる存在と言い換えたほうがよく，「パートナー」と言えるほど既存の精神保健システムや専門職は「対等な立場」にはなく，むしろ既存のシステムに「依存することによって成り立っているグループ」である．

　さらに言えば，その関係は上下関係のもとに成立し，しかも，既存の精神保健福祉システムや専門職は，セルフヘルプ-グループの「保護者」となり，セルフヘルプ-グループに与える影響が強く，セルフヘルプ-グループが「オルタナティブサービス」と考えられることは困難である．

　もしこのような関係性が濃厚であるならば，いかにしてグループ

を自由にすることができるのか,その条件は何かという点を検討する必要がある.また,ソーシャルワーカーはソーシャルワークの価値を修得し,それに基づいて原理や原則を定め,知識を構造化し,技術を活用し,生活者の立場に立ち,生活に焦点づけ,生活を重視する.「人は病気を治すために生きるのではなく,よりよく生き,生活を実現するために病気を治すのである」と考え,障害者が自己実現できるよう生活を発展させようとする.

一方,セルフヘルプ-グループは仲間同士の相互援助に価値を置いている.

「課題が解決されることよりは,対処される過程を重視し,仲間同士が主体性を確保され対等になれて,相互援助がなされることを重んじる」[30]と述べ,セルフヘルプ-グループにおける相互援助が,ソーシャルワークの専門的価値,知識,技術とは異なる相互援助という価値を重視したものであり,そこでは「対等な仲間によって,彼ら自身の抱える問題に対処していく過程」こそが重視されることを明らかにしている.

5.岩田の研究結果と考察から考えられること

以上が岩田による調査結果に基づく結果と考察であり,精神障害者のセルフヘルプ-グループ活動の現状は,残念ながら,障害者自身の力による仲間同士の支え合いが十分機能し,継続し,発展しているとは言い難く,時には潰れ,時には仲違いし,時には消えてしまう頼りない状況にあり,専門職の支援も適切な距離や関係性を踏まえた支援ではないという問題点が示されている.

岩田はこの調査研究の限界について,専門職や既存の精神保健サービスを批判したり,アドボカシーやオルタナティブなどを目的とした活動をするグループは実際にはもっと多い,と述べている.それ

は，この調査の回答者の立場を聞いた質問項目で，精神障害者本人と回答したものが62グループ（56.4%），専門職と回答したものが48グループ（43.6%）であることから，専門職や既存の精神保健サービスを批判したり，アドボカシーやオルタナティブなどを目的とした活動をするグループは意図的に回答しなかった可能性があり，十分な調査協力が得られなかったと述べている．しかし，この調査研究は全国的な実態把握を目的とした研究であり，セルフヘルプ-グループという実態のあいまいな組織の全数把握を試みた価値ある研究である．

岩田は今後の研究課題として，
① セルフヘルプ-グループの目的
② 既存の精神保健サービスとの関係
③ 専門職の関与
④ セルフヘルプ運動の固有性と専門職との関係
⑤ セルフヘルプ-グループへの参加の目的と動機
⑥ 既存のサービスや専門職に対する評価
⑦ 専門職の関与に対する評価

という7つの検討課題があることを述べている．

本書はこの岩田の全国のセルフヘルプ-グループ実態調査の延長線上に位置する事例研究をまとめたものである．岩田の研究から得られた「専門職の支援による枠組み」により事例を分類し，さらに，カレン=ヒル（Karen Hill）の提示した「専門職の効果的な支援の指標」[25]を用いておおまかに分類を試みた．（**資料1，2**）残念ながら，分類された事例についての共通点および相違点についての分析がたいへん不十分ではあるが，今後のセルフヘルプ-グループと専門職の関わりについて検討する可能性を提示しておきたい．

IV
専門職の支援を改めて見直す意味

1. 専門職という「保護者」は必要か
2. セルフヘルプ・グループへの関心と学ぶべきこと
3. 生活者のニーズを基本とするよう見直すこと

　本節では，本書のテーマについての背景および問題の所在を3つの視点から述べ，問題意識をより明確にしながら，専門職の支援そのものを改めて見直してみることにする．

　まず，セルフヘルプ・グループに専門職という「保護者」は必要であるのか，いつでも専門職が「保護者」として援助することは必要なのか，ということについて考える．

　次に，そうした固定的な関係を，対等な関係やパートナーシップとして変化させていくことは可能なのかを考えてみたい．

そして最後に，専門職がセルフヘルプ-グループに関わることによって，新たな視点や役割を学ぶことができるのではないかということを述べてみたい．

1．専門職という「保護者」は必要か

精神障害者による相互支援活動は多様な場で行われており，病院患者会を始めとして，最近増えてきた地域の小規模作業所や医療デイケアといった通所施設，あるいはグループホームのような日々の暮らしの場にも見られている．

しかし，セルフヘルプ-グループ活動の実際について，岩田は「精神障害者のセルフヘルプ-グループの全国調査の結果」[17]から，

「現状では残念ながら，仲間同士の支え合いとして十分に機能し，活動が継続し，発展しているとは言い難く，時には潰れ，時には仲違いし，時には消えてしまうといった頼りない状況にある」と指摘している．[17]

さらに，専門職との関係についても，

「日本の精神障害者のセルフヘルプ-グループのほとんどは，専門職の支援によって初めて誕生と存続が可能になる存在と言い換えたほうがいいかもしれない．『パートナー』という言葉が示すほど，既存の精神保健システムや専門職と『対等な立場』にあるのではなく，むしろ既存のシステムに『依存することによって成り立っているグループ』とみなされる．さらに言えば，その関係は上下関係のもとに成立し，しかも，既存の精神保健福祉システムや専門職は，セルフヘルプ-グループの『保護者』となっている」（『　』は筆者がつけたもの）と述べている[17]．

このような記述から，日本における現状が，お互いの立場と役割を尊重し合う関係性にはなく，専門職から見た精神障害者観は，

「自分で自分の問題を解決する能力を本質的に持っている人」という信頼感すら怪しい存在であるといっても過言ではない．

　かつて，保健所で保健婦として難病療養者の集いや精神障害者のデイケアのOB会を作ることに関わった経験からも，専門職の役割は，あくまで保健行政機関におけるグループワークという考え方の延長線上にあり，自主グループ化とは名ばかりの，集いの発足から維持継続まで，グループを継続的に育成し，世話してしまう実態となりやすいことが理解できる．

　久保[31]は，「地域自主グループの育成と支援」という特集の巻頭論文で，

　「まず，セルフヘルプ-グループとは同じ立場の仲間同士がお互いに支え合うグループであり，当事者たちが相互扶助により自らの問題解決を図るところに活動の特徴がある」

と述べている．

　その上で，そのような活動を支援する保健婦などの専門職の関わりが，アダムスによる専門職とセルフヘルプ-グループとの関係の取り方の3つのタイプ，つまり，①「取り込みタイプ」，②「側面から援助するタイプ」，③「専門職から自律しているタイプ」の3つで言えば，まさに「取り込みタイプ」であり，関わり続けながらそうしたグループにとどめておきやすい問題点を指摘している．

　確かに，保健婦の「グループを育成する」，「育てる」といった考え方は，利用者に暗に「育てやすい対象となること」を要求しやすいとも言える．そのような関係性にある保健婦とグループは，本来のセルフヘルプ-グループ機能である「当事者たちが相互扶助により自らの問題解決を図る特徴的な機能」の発揮を妨げる．久保は「側面的に援助するタイプ」への転換を助言している．

セルフヘルプ-グループがその本来のよさを生き生きと発揮するための専門職の関わりは，従来の専門職の関わりとは異なる．つまり，別の「対象者観および関わりの方法」を必要とする．しかし，現状はそうしたセルフヘルプ-グループに対する専門職の支援が，セルフヘルプ-グループとの適切な距離や関係性を踏まえた支援とは若干異なることが，この領域の研究者らの現状認識である．

2．セルフヘルプ-グループへの関心と学ぶべきこと

これまでの専門職は，基礎教育において専門的な価値や知識，技術を学び，その専門性を発揮することで，一定の社会的役割を果たしてきた．久保は最近のヒューマンサービスに関わる専門職や研究者たちのセルフヘルプ-グループに対する関心の高まりについて，次のように述べている．

「専門職はセルフヘルプ-グループにどう関わるのか，どう支援するか，といった観点から関心を持つことが多い．しかし，当事者の持つ援助的機能やエンパワーメント，コミュニティの中で果たす役割などにも関心が向けられている．このことは専門職だけで問題が解決されるのではないという認識が広がっていることを意味している．とりわけ重要なことは，セルフヘルプ-グループや当事者から学ぶという姿勢が見られるようになったことであろう」[33]

岩田は，
「ソーシャルワーカーはソーシャルワークの価値を修得し，それに基づいて原理や原則を定め，知識を構造化し，技術を活用する」[30]と，専門性の基本となる価値と知識と技術について述べている．

また，ソーシャルワークとセルフヘルプ-グループによる支援の違いについて，

「ソーシャルワークは生活者の立場に立ち，生活に焦点づけ，生活を重視する．『人は病気を治すために生きるのではなく，よりよく生き，生活を実現するために病気を治すのである』と考えられ，自己実現し，そうできるよう生活を発展させようとする．一方，セルフヘルプ-グループは仲間同士の相互援助に価値を置いている．課題が解決されることよりは，対処される過程を重視し，仲間同士が主体性を確保され，対等になれて，相互援助がなされることを重んじる」[30)]
と述べている．

ソーシャルワーカーがセルフヘルプ-グループに学ぶというのはどのようなことを意味するのであろうか．久保が引用しているリースマンの指摘からその答えが導かれるので，ここで引用したい．リースマンはセルフヘルプ-グループの持つ重要な側面として，まず，「ヘルパー-セラピーの原則」，つまり援助する人が最もよく援助を受けるという概念を打ち出している[34) 35)]．

従来の援助関係では，専門家とクライエントは常に援助の与え手と受け手という構図を持っていた．しかし，セルフヘルプ-グループの中での当事者同士は，援助の受け手ばかりではなく，援助の与え手となり得る関係が成立する．メンバーからメンバーへの援助によって，援助するメンバーが最もよく援助を受けるのである．

次に，サービスの受け手が最もよくニーズを知っているということである．従って，サービスを必要として利用する人（コンシューマー）は援助者（プロデューサー）に対して多くの貢献をする．このことは，かゆい所に手が届くような，必要とする状況や内容が実によくわかるため，そのことを援助者に伝えるという役割をとることで，サービスそのものをよりニーズに合ったものに作り替えることができることになり，プロシュマーという呼び方もされている．

従来の一般的な援助関係の中では，常に専門職が一段上で，利用者は一段下という関係にあるということである．久保は，
「援助者がセルフヘルプ-グループに学ぶべき点はここにある」
と述べている．援助者と利用者は対等な関係であるはずだが，多くの場合そうではない．専門家と利用者はパートナーシップとして位置づけられるべきである，という考え方がそれである．

　最近，医療分野で話題とされているインフォームド-コンセント（十分に説明された上での同意）という問題にしても，専門職の話を十分に理解して，納得の上での同意ができているだろうか．当事者が医療情報を伝えられても，医学的な専門知識が乏しい（専門知識の不足）とか，理解に時間がかかる（情報や知識を統合し解決を導き出す力の不足）という場合，当事者のニーズに合った援助をする必要が専門職にはある．当事者が説明を聞いて主体的に同意か否かを決定できるためには，専門職は当事者が理解できるように，当事者の立場になって支援することが重要となる．

　それは専門職の専門性を問われることにつながる．専門職がセルフヘルプ-グループに学ぶこととは，実際にどのようなことに，どのように困るのかを，当事者の話を対等な立場でまず聴くことから始まり，理解した問題点を解決するために，かゆい所に手の届いたサービスを当事者とともに考えながら，当事者による相互援助とは異なる専門的な援助をどうするかまで考えるということであろう．

3．生活者のニーズを基本とするよう見直すこと

　「セルフヘルプ-グループにおける専門職の関わり」から，専門職と精神障害者との関わりを考察することは，どのような意味があるかについて述べる．
　専門職はこれまで精神障害者に対してどのような援助をし，どの

ような評価をしてきたのであろうか．援助の原則は，「当事者のニーズ」が前提であるが，ニーズ把握の仕方が援助者の一方的な見方に基づくものであったり，本来当事者の望む順番でなかったりということが実際にある．こうしたことは，専門職の援助観に大きく影響している．先に述べたようなセルフヘルプ-グループの横並びの相互支援は，援助者としての専門職の役割を自ら問い直す絶好の機会となる．

　専門職の援助を受け入れたことによる障害者自身の利益について，つまりサービスの評価について，専門職はこれまであまり時間を割いていない．医療の効果は「治ったか治らないか」という視点から，社会復帰の効果は「就職をゴールとする社会復帰の目標を達成したか否か」という視点から評価されるのかもしれない．そうした長期的な指標を目安とした評価もある意味では必要である．しかし，精神障害者の日々の生活にとってはすぐに役立つことではない．

　彼らはもっと短期的経過の中でたびたび再発をくり返し，そのたびに一般社会の生活のたいへんさを痛感し，就職や結婚といった人生の節目に断念したり，気力を失ったりする．病いを抱えながら地域で生活する精神障害者を支援する専門職は，「当事者のニーズ」を率直に語ることと，そこでの「自ら克服する力への信頼」という2つのキーワード[30]に注目してみる価値がある．この視点は専門職が今日改めて問い直すべき最も重要な課題であろう．

　確かに，以上に述べた背景には，それなりの歴史的事情があったことも事実である．精神障害者は長い間「精神病者」という規定で捉えられ，そこに専門職が援助を独占するパターナリズムが根拠づけられていたからである．しかし，1980年代以降の大きな変化は，精神障害者を障害者の一員であり，福祉サービスの対象であると規定したことである．専門職はリハビリテーションにおいても，生活者のニーズを基本とする視点をよりいっそう明確にすることを迫ら

れた．伝統的な専門職の援助観は「生活者のニーズ」を基本とするように見直さなくてはならない．

　1999（平成11）年3月には精神保健福祉士の国家資格取得者も生まれ，地域で精神障害者の生活を支援する新たな専門職として，その数が充足されつつある．今後はそのサービスの量もさることながら，質が問われる時代となる．

　精神保健福祉士法には精神保健福祉士の役割について，① 社会復帰に関する相談，② 助言・指導，③ 日常生活への適応のための訓練，④ その他各種手続きの代行，啓発活動，当事者活動支援，の4つを示しており，セルフヘルプ-グループの支援も含まれている．その他の役割についても当事者に直接関わるものである．

　精神保健福祉士に限ったことではなく，精神障害者に関わる専門職であれば，自らの支援を常に問い直し続ける必要がある，それも精神障害者らの視点から……．

　精神障害者の日々の生活を支援しようとする専門職は，精神障害者のセルフヘルプ-グループに関わることで，上下関係のもとでは決して語られることのない，ありのままの「当事者のニーズ」と「自ら克服する力」[30]に触れることができる．否，触れるべきなのではないだろうか．セルフヘルプ-グループの傍らにいることは，専門職にとって大変重要な意味を持つものとなるだろう．

第 4 章

セルフヘルプ‐グループ
と
専門職による支援の検討

I
概念整理と検討の視点・方法・範囲

1. セルフヘルプ-グループの概念整理
2. 支援を考える視点と方法
3. どこまでを範囲とするのか

　本節では，第1章，第2章で紹介した専門職の支援について検討を試みる前提となる，セルフヘルプ-グループの概念整理，考え方の視点と方法，ここで検討を加える範囲について明らかにしておきたい．

1．セルフヘルプ-グループの概念整理

　セルフヘルプ-グループ研究の第一人者である久保[33]は，

「セルフヘルプ-グループは，参加するメンバーがあくまでも共通の問題を持つ当事者であることが求められる．そして，共通のゴールがあり，メンバー同士が対等な関係にあり，対面的な相互関係を持ち，参加の自発性が保障されるグループである．専門職との関係は多様であっても，基本的にメンバーの主体性が重んじられる」と述べている．

また，精神障害者のセルフヘルプ-グループに詳しい岩田は，「セルフヘルプ-グループとは，病気や障害などの生活上の課題を持つメンバー同士のセルフヘルプを生み出し，推進するために，精神障害者たち自身で組織され，運営されている自立性と継続性を有する活動体である」と定義している．

さらに，久保[33]は，

「我が国のセルフヘルプ-グループ研究は1980年代後半から1990年代に入ってから，社会福祉，保健・看護，医学(特に精神医療)，臨床心理学などの分野で，研究者や専門職の人たちが意識的にセルフヘルプ-グループに目を向けるようになった」

と述べ，セルフヘルプ-グループへの関わりが社会福祉，保健・看護，医学(特に精神医療)，臨床心理学などの多様な分野の専門職や研究者たちによるものであったことを明らかにした．

これらを踏まえて本書では，セルフヘルプ-グループを「精神障害者という疾病と障害を併せ持つゆえに共通する生活上の課題を持つメンバー同士が，主体的に仲間同士で支え合う活動を実践するグループであり，専ら専門職が運営するグループを除くもの」と定義し，専門職を「社会福祉・保健・医療等の多様な分野の対人援助専門職」と定義する．

2. 支援を考える視点と方法

すでに紹介した事例は，精神障害者のセルフヘルプ-グループの現場に伺い，そこでのインタビューなどからまとめている．その際，専門職の支援について，できるだけ当事者の発言内容をそのまま紹介している．

ここで，考察の方法とプロセスについて補足しておきたい．筆者の問題意識は，「セルフヘルプ-グループと専門職はどのような関わりを持っているのか」ということにある．その関わりについて検討する時，障害者と専門職がともに生き生きと活動している事例を整理し，関わりの特徴について検討した．

なお，本書で記載した事例は，一定期間に同時並行的に調査した研究ではない．また，ここで示すセルフヘルプ-グループの事例は，各々の記載の仕方が異なる．これは，ここで紹介した事例が，専門職や当事者によるグループの紹介や説明の聞き取りから，研究者の知りたい活動内容や専門職の支援の実際について確認したものであるという手法の限界による．この点を補うためには，今後，詳細な「聞き取りの枠組」を準備する方法による研究に期待したい．

3. どこまでを範囲とするのか

精神障害者セルフヘルプ-グループの場の作られ方は，専門職の関わりに多様な影響を受けている．広くセルフヘルプ-グループづくりを視野に入れ，支援する地域の機関・施設には，保健所，市町村保健センター，社会福祉協議会等がある．精神障害者をメンバーとしたものに限定すると，精神保健福祉センター，保健所が多い．

精神保健福祉センターおよび保健所と市町村が精神障害者のセルフヘルプ-グループの支援に携わってきた経緯について，若干解説しておきたい．また，支援する専門職の多様性についても補足しておきたい．

1）精神保健福祉センター

精神保健福祉センターは1965（昭和40）年の精神衛生法の改正により設置（任意）された都道府県の機関であるが，保健所デイケアに先だって，デイケアのパイロット事業や患者クラブの育成が実施されてきた経過がある．しかし，当時セルフヘルプ-グループの組織化という意味では，北海道立精神保健センターの「すみれ会」などごく一部の実践に留まっていた．

2）保健所と市町村

一方，保健所は1966（昭和41）年の都道府県知事宛に出された「保健所における精神衛生業務運営要領」に基づいて，精神保健活動を実施してきており，訪問活動を中心とした在宅精神障害者の把握とその指導態勢の強化を目的とした活動が実施されてきた．その後，大都市を中心として，1970（昭和45）年に「特別都市対策事業」が予算化され，患者クラブの育成が図られることになった．1975（昭和50）年には，回復期にある精神障害者の社会復帰に関する相談指導を積極的に行うよう「精神障害者社会復帰相談指導（いわゆる保健所デイケア）」が予算化され，精神障害者の社会復帰事業を行う保健所が増加した．

その後保健所の役割が変化し，1994（平成6）年に制定された地域保健法には，社会復帰や地域における自立と社会参加の促進，地域における組織育成が保健所の業務として位置づけられている．セルフヘルプ-グループは地域における組織であり，この法律に明記

される以前から多くの保健所で実施されているが，セルフヘルプ-グループを含めた地域における組織の支援は，改めて保健所の重要な機能であると位置づけられている．保健所では精神障害者に限らず，在宅難病療養者を対象とした当事者や家族の会，痴呆性高齢者の家族会，健康増進のための運動グループや食事づくりのグループなど，多様な地域活動を支援している．

また，平成14年度以降も地方分権の考え方から，住民に身近な市町村で地域保健活動が展開される方向にあり，市町村保健センターでは高齢者や母子グループへの支援が増加している．社会福祉協議会でも，在宅の高齢者や家族の会が行われており，保健所に限らず，多様な施設がそれぞれの特性に応じたセルフヘルプ-グループ活動を支援する傾向にある．

3）支援する専門職の多様性

支援する専門職を見ると，保健所や市町村保健センターでは，精神保健福祉相談員，保健婦・士，看護婦・士，理学療法士，作業療法士等が関わっている．こうした専門職は，行政で予算化された事業としてデイケアなどのグループワークや機能訓練を実施してきた．事業の運営に当たって，できる限り集まった当事者が主体的にグループに参加できるよう，当事者の主体性を尊重したグループ運営が配慮される．一方，参加する当事者も，しだいに固定化して仲間意識を感じるようになり，より自分たちのニーズに応じたグループにしたいという意識を深めるようになる．専門職が援助する事業化されたプログラムから，専門職と距離を置いたセルフヘルプ-グループはこのように作られる．第3章で紹介した岩田の調査結果に述べられた，「精神障害者のセルフヘルプ-グループは，専門機関のグループワークのOB会と専門職が協同したグループが多い」という現状認識は，このような経過を裏づけるものである．

地域で精神障害者のセルフヘルプ-グループが作られる背景を踏まえ，本書では保健所のデイケア事業が予算化された1970年代後半から現在（1999）までのおよそ20年あまりに限定し，保健所や小規模作業所などの専門職による支援のもとに，活動を発展させている精神障害者のセルフヘルプ-グループを対象としている．

　以上の前提を念頭に，以下，第1章及び第2章で紹介した事例について，次のような視点から考察を加えてみたい．
　第Ⅱ節では組織形態と活動内容の変遷モデル
　第Ⅲ節では専門職の援助姿勢による影響
　第Ⅳ節では精神症状とつき合うことの意味
　第Ⅴ節では当事者と医療者の対等な関係性の模索
　第Ⅵ節では日本における施策体系とサービスシステム

II 組織形態と活動内容の変遷モデル

　　　　1．石川による組織形態別類型
　　　　2．谷中による自助活動の目的別分類

1．石川による組織形態別類型

　石川[36]によれば，1960年代から始まった地域における当事者活動は，保健医療機関の介在により，入院中の患者の会や通院患者の会，デイケア終了者や作業所の通所者の会として始まり，そこには患者と医療従事者らの共通のニーズがあったという．さらに組織化された場（拠点）の状況によるグループの性格や特徴があり，組織化の

過程に関わる中心的な当事者や支援する専門職の課題意識，世代志向，生活感覚，価値観によって活動が多様化しているという．この記述からも，本書に取り上げた4つのセルフヘルプ-グループと専門職の関わりに共通する本質を見出すことができる．

「対等性，同じ目線，当事者と寄り添う」という，事例における関わりの本質は，石川の述べる「人の関わり」における共通の視点につながるものである．また，石川はこのような活動の組織形態が，① 社会運動型, ② 支援組織型, ③ 相互自助型, ④ 体験交流型という4つに類型化できると述べている．

その意味では，【事例1】および【事例2】の連合会の活動は，社会運動型としての活動を担っていて，役員とか事務局長というような組織としての人事が必要となっている．

また，【事例3】および【事例4】の「しごとミーティング」は，相互自助型および体験交流型である．【事例5】の「ふれあいセンター」の「つどい」は活動当初からデイケアのメンバーが自分たちの居場所づくりを意識していて，支援組織型かつ相互自助型であると同時に，新たな機能をつけ加えるなら「社会資源創造型」とでもいうべき機能を担っている．これは欧米の精神障害者セルフヘルプ-グループにおいて，クラブハウスの展開などで見られる機能と一致すると考えられる．同様に，【事例6】の「クラブハウスはばたき」の活動は，もともと患者会として相互自助型および体験交流型の機能を担ってきたが，クラブハウスとなった今では，【事例5】と同様，「社会資源創造型」とでもいうべき機能を担っている．

2. 谷中による自助活動の目的別分類

セルフヘルプ-グループの類型化の試みは，これまでの多様な実践者や研究者によって行われている．例えば，谷中輝雄[19]は1983

(昭和58) 年に全精社連と名称変更し新たに活動を再開した全国患者会交流集会に関わる中から，患者会やセルフヘルプ-グループと呼ばれている団体の活動内容を見ると，内容に差があり，形態も多様であることから，自助活動の目的による4つの分類を試みている．（「　」内の名称は谷中の分類記述からキーワードを探し，グループ名称として仮に筆者が記したものである）

① 「相互援助による参加者自己変容タイプ」
　　メンバーの相互援助を軸に，交流を通じ参加者が変容することを目的としたグループ
② 「情報交換による問題解決志向タイプ」
　　グループが生活に即した情報交換により問題解決に向けた展開をするグループ
　　（このようなグループはある程度活動が継続的になり，組織的な運営をできるようになった段階であるという）
③ 「生活パターン創造タイプ」
　　新しい生活パターンを創造していくグループ
　　（つまり，共通する問題を持つ仲間同士が創造的な生活を作り始めるものである）
④ 「社会運動・資源創造改変タイプ」
　　社会的改良を目指すグループ．このようなグループは新たな社会資源を作ったり，改変したり，社会運動を展開したりして，地域住民への啓発を行う．

谷中は，
「全精社連に参加する団体のうち，保健所デイケアや小規模作業所，精神科デイケアなど既存の場を活用して当事者同士が集まるものと，患者会の例会を持ち，仲間の支え合いを目的とした患者会の

例会とは，おのずと活動の目的から異なる」
と述べている．また，「グループの歴史について見た時，自助活動として成熟していく過程がわかる」と考察している．

　この分類と考察は，石川の述べた分類および考察よりも時代的に古く，当時はまだ患者会単会のそれぞれの活動について歴史的な変遷が十分には明らかにされていない時期である．谷中の記述からおよそ8年あまりが経過しようとしている1999（平成11）年当時，患者会活動の歴史は，一方向的な変化を示すモデルとして整理されるものではないようである．残念ながら本書の事例は，研究者がこれらのセルフヘルプ-グループに継続的に関わりを持っている事例ではなく，歴史的経過を追って記述したものではないという限界がある．信頼に足る実証という意味では，別の研究に委ねるしかない．

　本節では，こうした限界を認識した上で，【事例1】，【事例2】について考察を述べてみたい．少なくとも【事例1】および【事例2】では，行政陳情，施策立案への参画といった「社会運動・資源創造改変タイプ」の活動に関わりながらも，精神障害者当事者らはそうした活動だけでは満たされないニーズを，他にセルフヘルプ-グループ（例えば「相互援助による参加者自己変容タイプ」）を作ることによって満たしている．つまり，谷中の述べる「自助活動としての成熟」は，目的別グループのタイプそれぞれについて，時間的経過の中での変化から何らかの力量形成がされるものと，時には，全くタイプの異なるグループを新たに創造していくものとがあり，両者ともに成熟のひとつのあり方なのではないかと考えられる．こうした異なるあり様に影響するものとしては，時期，グループの状況，支え手も含めたグループをとり巻く環境などがあるだろう．実際に事例では，「社会運動・資源創造改変タイプ」の活動を行う患

者会が新たな展開として，再び「相互援助による参加者自己変容タイプ」や「情報交換による問題解決志向タイプ」の活動を展開している．おもしろいのは，【事例２】のセルフヘルプ-グループに参加する当事者の何人かは，より小規模なセルフヘルプ-グループで，共通する問題を持つ仲間同士が創造的な生活を作り始める「生活パターン創造タイプ」の活動を試みていることである．仲間による仲間のための身近な活動として，未だ入院している仲間に対し，友愛訪問や人権擁護活動を展開したいというこうした変化は，「社会運動・資源創造改変タイプ」から「相互援助による参加者自己変容タイプ」へ，「生活パターン創造タイプ」から「情報交換による問題解決志向タイプ」へという展開と考えることができる．

　セルフヘルプ-グループが組織形態別あるいは目的別類型のうちどの類型に属するのかということは，時間的な経過とともに変化し，行ったり来たり止まったりといった完全な類型化を困難にすることが実際のグループにはみられる．少なくとも，セルフヘルプ-グループが十分に成長・発展したモデルとして，「社会資源創造型」の機能を担うといった一方通行モデルでは整理できないことが理解できる．

　【事例１】の仲町さんと【事例２】の高梨さんは，自分が通いやすい場所で，身近なセルフヘルプ-グループを作りたいと考え，安価な公民館などで，専門職が関わることを前提としない，しかし関わり方次第で受け入れ可能というスタンスを保っている．入院中の処遇改善を要求する患者会や，地域に暮らす精神障害者が通う保健・福祉・医療機関による手厚い支援のもとに活動を続けるグループとは異なる．本来の機能である「分かち合い」を重視した自立度の高いセルフヘルプ-グループである．そのようなグループは今後も，あくまで「分かち合い」と相互支援に価値を置いた活動を続けてい

くのか，何らかの別の活動を展開するようになるのか，たいへん興味深い．

すでに述べたように，それぞれ連合会が担う機能に満足しながらも，そこでは得られない，④ 体験交流型機能（谷中の述べる「相互援助による参加者自己変容タイプ」）を，別のセルフヘルプ-グループを作るという方法によって満たしており，今のところはこの新たに作ったグループの機能を変える気持ちはなく，同じような活動を継続したいと述べている．しかし，【事例2】には，セルフヘルプ-グループの中心的な当事者が高梨さん以外に2人いて，彼らは小規模作業所を当事者で作りたいという希望や，友愛訪問や人権擁護活動を展開したいという目的を持っている．

高梨さんは，グループが小規模作業所となったとしても，友愛訪問活動を始めたとしても，「体験交流型」の機能を維持する努力を怠らないであろう．小規模作業所設立の時に，運営母体となるセルフヘルプ-グループの中心人物のだれが，どのように活動方針の決定に関与するかを予測できるものではない．また，【事例1】の仲町さんが，自宅近くで新しく12のルールを持つ④「体験交流型」のセルフヘルプ-グループを始めることは想像できるが，その後このような内容のグループがどこで継続して行われるかは，彼と彼のセルフヘルプ-グループと関わりのある専門職に影響を受ける可能性は大いにあると考えられる．それは，彼のこれまでのセルフヘルプ-グループや専門職との関わりの経緯から十分に考えられることである．【事例6】はクラブハウスという補助金のない活動運営に困窮し，筆者が訪問した時，まさに議員交渉に行くための方策をみんなであれこれと練っていて，「社会運動型」の機能を効果的に担うことが，活動そのものの存続に関わる状況にあった．

石川の「人間の成長過程に類似するような発達や衰退の変化を示しながら，グループに所属する当事者や支援する専門職の意識や意

図が，活動の方向性や内容を流動的に展開させる」という考察は，本書事例からも確かに裏づけられた．さらなるセルフヘルプ-グループの継続的な研究によって検証が続けられる中で，より体系的な理論となると考える．

III
専門職の援助姿勢による影響

1. 専門職はサービス志向的なグループを好んで援助するのか
2. 専門職のボランティア性について

1. 専門職はサービス志向的なグループを好んで援助するのか

　岡知史[37)]は1983（昭和58）年以降，日本にもセルフヘルプ-グループの国際比較研究が増え，中でも，どのようにセルフヘルプ-グループを育成するのかという視点からの海外の研究が多く紹介されるようになった，と指摘している．すでに海外の研究では，1930年代から1950年代のAAのように，話し合いの中から問題解決していく基

本的方法を確立した時期（第1期）から，1950年代から1970年代の社会・市民運動と結びついて政治的な問題に傾斜し，ソーシャル-アクションを志向する時期（第2期），1980年代以降のセルフヘルプ-グループがボランタリーなサービスの担い手となる志向を持つ時期（第3期）と整理されている．

　岡はこのような外からの影響を受けて，日本のセルフヘルプ-グループに関わる専門職や研究者が，「サービス志向的なセルフヘルプ-グループ」を好んで援助しようとし，そのような専門職の援助姿勢がセルフヘルプ-グループのあり方そのものに大きく関わる，と予測している．岡は当時日本の患者会への専門職の援助は少なく，セルフヘルプ-グループがサービス供給の主体として認識されることは少なかった，と述べている．

　しかし，精神障害者について言えば，この時期すでに保健所や医療機関で専門職の支援のもと当事者活動が始まっていた．400以上のセルフヘルプ-グループのうち，当事者のみの組織は143か所（全体の1/3ぐらい）で，残りの2/3は専門家の関与が強く，組織としての確立度が低いものであったと三田・大島ら[21]が指摘している状況にあった．

　また，遠山[16]もほぼ同時期，精神障害者自身による自立した患者会がなかなか存在しなかったことは指摘しており，その理由について，

「自己主張が苦手であり，仲間づくりがへたであることに精神疾患の特性に由来する点もあるが，より根本的には他の障害者に比べて偏見が強く，自らの存在・権利を主張するのにより多くの勇気を要するためである」

と述べている．

　専門職は個別に援助する中で，このような精神障害者が置かれた社会的な偏見の実際に触れ，彼らのセルフヘルプ-グループの組織

化を支援する必要性を強くしたと思われる．従って，精神障害者領域においては，岡の指摘するような海外の研究成果に影響を受け，「サービス志向的なセルフヘルプ-グループ」を好んで援助しようとしたとは考えにくい．

　そもそも精神障害者領域において，初めからサービス供給主体を目指すようなグループが少なかったという考え方もできる．本書の【事例3】の「しごとミーティング」も，職安の相談員が，専門職による個別の就労定着指導と当事者の相互援助を組み合わせたらうまくいくのではないか，と思いついたところから，専門職のセルフヘルプ-グループ支援が始まっている．支援者が当事者相互支援という専門職の援助とは異なるサービスの価値を認めていたことは確かであるが，「しごとミーティング」が「サービス志向的なセルフヘルプ-グループ」として機能し，ますます専門職が支援を強くしたという状況にはない．

　逆に，ミーティングという形式を持たない当事者のおしゃべり会を新たに作るという展開もある．【事例1】の仲町さんといい，【事例2】の高梨さんといい，セルフヘルプ-グループ本来の機能である「分かち合い」を重視したセルフヘルプ-グループへの志向が強い．これは精神障害者におけるセルフヘルプ-グループの特徴であろうか．この事例はどれも，専門職が「分かち合い」を重視したセルフヘルプ-グループづくりをリードしたわけではない．

　【事例5】についても，自分たちが利用しにくい制度的な矛盾を持つ職親制度を，自分たちで会社を作って職親になってしまうことで就労サービスを提供し，自分たちの伝えきれない病状と生活の関わりを身近に見てもらえるようなクリニックを開設しようとしている．まさに当事者ニーズに基づくサービス供給主体としての準備を始めている．

　しかし，それは永山さんの援助姿勢による影響が大きいとは言い

難い．永山さんは，このようなサービス供給的な活動を当事者たちの考えが十分反映できるように見守り続ける．何でも対等に話し，相談できる兄貴のような存在である．また，めんどうな作業も一緒に文句を言わずにやってくれる人である．

【事例3】のハローワークの相談員は，海外の新しいセルフヘルプ-モデルを次々に紹介するなど，一見リーダーシップを発揮しそうな支援者であるが，セルフヘルプ-グループをサービスの供給主体となるように引っ張るといった支援は決してしない．新しいものを紹介するが，それを活動に活かすかどうかは当事者が決めるようにしている．さらに，自分以外の支援者を協力者としてグループに誘い，自分の影響力を少なくするための工夫までしている．

そうした配慮により，岡の懸念した「専門職の援助による濃厚な方向づけ」から自由なセルフヘルプ-グループへと成長し，当事者自らの豊富な想像力と改善案が多様な活動への工夫を生み，専門職も当事者も，ともに参加者がグループの中でいきいきとできる活動として継続し，発展している．

2．専門職のボランティア性について

【事例5】の永山さんの支援は，遠山[16]が指摘したセルフヘルプ-グループが自助組織として機能する専門家の関わり方の条件（「あくまでも患者の自主性を尊重し，その利益のために働き，ボランティアとして関与すること」）を満たした支援であると考えられる．

専門職のボランティアとしての参加のモデルを，この永山さんの関わりに見出すことができる．こうしたボランティアとしての支援の仕方を身につけた専門職によるセルフヘルプを活かした活動に，今後も注目していく必要があるだろう．専門職がボランティアとして支援するという活動と日常の専門職の関わり方との関連について

も，注目していく必要がある．

　【事例4】の作業所の職員の関わりでも，そこで彼らは「作業所利用者と職員という関係でなく，対等な立場で聞いている」ことに気づき，利用者が作業所にいる時とは異なり，生き生きとしていると気づいている．こうした作業所職員の当事者の見方は，当事者自らの，「小規模作業所では『半病人』，ここでは『回復できた』」，「そこでは力が発揮されている」といった自己評価と一致している．

　さらに，作業所職員は，「作業所の利用者と職員という関係でなく，対等な立場で聞いている」ことに気づき，自分自身が楽しんでいると自覚している．セルフヘルプ-グループを構成する1人のメンバーとして参加したと述べており，それは，メンバーに，

　「ここは癒しの場であり，スタッフも自分も個人として来ていて，対等な関係でいられる安心感がある」

と言わせてしまう関わりがある．ここでも，作業所職員と当事者のセルフヘルプ-グループにおける位置づけの一致を見る．

　もう1人の作業所職員も，作業所職員と障害者という固定した関係性から離れた横並びの関係性を大切にする場として，セルフヘルプ-グループを理解している．しかし同時に，「パイプ役として自分が続けて来る」という支援者の役割を意識し，「職安の相談員との交流」という自分にとっての利益も明確に意識化している．メンバーをつなぐ専門職としての機能を発揮しながら，職安の人とのセルフヘルプを活用している．

　石川[36]は福祉援助実践の基礎的構造は，①　専門性，②　当事者性，③　素人性の3領域に区分され，それらを相互に対等であるものと関係づけながら，これら3つを取り囲むものとして福祉援助実践の基盤となる市民性を位置づけ，これら全体を福祉援助実践の構造と整理している．

　本書における【事例4】に登場する作業所職員は，専門職のボラ

ンティア性（石川の市民性と同義）を発揮した関わりをしている．このような専門職のボランティア性が発揮される実践についての研究報告は少ない．しかし，事例に見るように，専門職の所属機関や役割，業務から離れて，まずは専門性を提示しない関わりをしようとする実践は確かにあり，このことは今後セルフヘルプ-グループと専門職の関わりを見る上で，新たな立場性という意味で注目すべきではないだろうか．

　カッツ（katz.A.H.）[38]（1987）は専門職領域におけるセルフヘルプ教育の原則と方法について，

「専門教育のカリキュラムの中に，レイピープル（非専門職）が知っていること，できること，セルフヘルプ-グループが患者や家族のために達成していることを示し，専門職がレイピープル（非専門職）の資源を尊重し，友好関係を保つことを示す教材としている．多くの専門職教育，実習経験，研究活動の中に，元患者，現在の患者の参加を組み入れるようになることを希望している」
と述べている．なお，

「すでに教育を終えて地域で働く多くの専門職たちへの再教育は，工場がこれまでと違った製品の生産を始める時に新しい技術を修得する労働者と同様，効を奏さないか多くの困難がある」
と述べ，専門的な価値と知識と介入を心得た専門職が，再教育により非専門職の価値を認識することの困難を指摘している．

　このような意味で，【事例４】に登場する２人の作業所職員の関わりの違いを見ても，このような困難性の違いを反映していると考えられる．この困難性の違いに影響する要因の１つとして，ボランティア性を自然に発揮した職員は，彼自身が慢性疾患を抱えた経験を持ち，普段作業所においてもメンバーに助けられる場面があると聞いている．

　作業所職員としての日々の生活の中で，精神障害者との相互支援

が経験されていることから，より自然に専門性から離れた立場性に身を置きやすかったと考えられる．専門職でありながら援助されるという立場になる経験をしていることが，セルフヘルプ-グループで専門性から離れボランティアとして関わることをスムーズにさせていると考えられる．

　これまでは【事例３】のような，初めからセルフヘルプ-グループに関わり立ち上げ維持してきた支援者というような専門職の関わりが主な研究対象となってきたが，【事例４】で登場するように初めからボランティアとしてひとりのメンバーとして関わる専門職のあり方についても，今後実証的に検証していく必要があろう．

　今回取り上げた事例の中でも，こうした福祉サービスの担い手であるという意識から離れたセルフヘルプ-グループへの関わりから，本来の援助関係を学んでいる．すなわち，久保[32]が指摘する「従来の一般的な援助関係の中では，常に専門職が一段上で利用者は一段下という関係」を見直し，「サービスの関係における援助者と利用者は対等な関係，専門家と利用者のパートナーシップ」に気づいている．「専門職が学ぶべき点はここにある」と久保は指摘するが，まだまだこのようなセルフヘルプ-グループへの専門職の関わりは少ない．

　「専門職がセルフヘルプ-グループにボランティアとして関わる」というテーマを，対人援助職の技術向上における効果という点から研究することは今後の課題である．またそれは，事例から考察していくことが望ましいであろう．

Ⅳ 精神症状とつき合うことの意味

【事例1】【事例2】に登場する当事者らは，専門職の関わりを，自分たちのセルフヘルプ-グループに対するかけがえのない支援であると表現していた．あくまで自分たち精神障害者が協働しながら，何らかの目的達成に向けた活動をしていくために，専門職の関わりを期待していた．例えば，仲町さんは，自分たちの会だからということで自分たちだけでやろうとしやすいが，「自分たちでここはやるけど，ここはできない」ということを認めて，サポーターに手伝ってもらうやり方がなかなかできない現状を指摘していた．そのため，

支援者にはそこを察して，一緒に手伝いながら，精神障害者たちが自分でもできることと力を借りたほうがいいところを気づかせてくれる支援を望んでいた．

「自分たちのセルフヘルプ-グループを自分たちだけでやってみたい，やるべき」といった気持ちもあるのかもしれない．このような背景には，一部の精神障害者かもしれないが，【事例２】のように治療や看護，指導といった医療・保健従事者のこれまでのサービスに嫌悪感や期待喪失感を味わった経験も要因であろう．

セルフヘルプ-グループでは，医療に関わる話題がたびたび登場している．例えば，【事例５】の「メンバーズクラブふれあい」の主な話題からも理解できる．全体のおよそ４分の１を占める最も多い話題が「精神障害，症状とどうつき合うか」である．しかし，そこでの論点は，医療専門職が考えるような，何らかの精神症状に対する薬物治療の必要性を学ぶというものではない．薬物治療について理解することは，目的の一部であってもすべてではない．

そこで展開される話題は，「自分は主治医にこんなふうに相談したら，こうであった……」といったように，あくまで当事者が病歴や病状を語り合い，医者をどう主体的に相談相手として活用するかということである．

薬を飲んでも思ったほど苦しみがよくならないので，しつこい幻聴にこんなふうにして対処したといったことが話題となる．日常生活の中で幻聴とどうつき合うのか．なだめすかしたり，時には無視したりしている幻聴とつき合う不自由さを分かち合えるのは，同じように幻聴体験に悩む精神障害者同士のセルフヘルプ-グループである．このようなテーマが頻回に当事者に選ばれている．

谷安正[39]は，暮らしの拠点としての全国のいくつかの生活支援セ

ンターの取り組みを紹介し,「当事者同士の助け合いの必要性」を指摘している．当事者同士の助け合いの力が日常的なことを解決する場合には効果的であるという．そのことを谷は次のように述べている．

「今まではどちらかというと，こうしなさい，こうしたほうがいいよという専門家からの一方的な関係性で，アドバイスも一方的なことが多かった．しかし，生活はそれぞれの価値観と深く関係する．他の人から見れば，なんであんなことにお金をかけるのかということも，その人にとってはとても大切だということがある．僕の場合はこうしたよ，こうするとうまくいったよ，といった具合に，それを参考にする程度の口コミの関係がよく，当事者同士の助け合いによる知恵や情報や，やり方をそれとなく学び，自分に合ったやり方を自分で選ぶというのが理想である」[39]

当事者同士の助け合いが日常的なことを解決する場合に効果的であるという谷の記述は，精神障害者にとって日常的な精神症状の悩みや生活上の困難を，セルフヘルプ-グループで頻繁に話題にし，当事者の体験による対処方法を互いに取り入れようとしている．障害や疾患というテーマで集うセルフヘルプ-グループには多く見られる．セルフヘルプ-グループの話題からも，精神障害者は治療を医者任せにしているのではなく，精神症状や障害を日常生活と関連づけて，主体的に関わろうとしていることが理解できる．

果たして医療・福祉に従事する専門職は，こうした精神障害者の治療に対する主体的な参加を受け入れ，日常生活の場面と関連づけて考えようとしてきただろうか．

法改正のたびに，精神障害者の地域における生活支援サービスが検討され，地域の社会資源は増えている．しかし，たびたび再発す

る彼らに不可欠な薬物を中心とした医療と，個別性の高い生活支援とを組み合わせ検討されることは少なかった．ここで紹介した事例にもあるように，セルフヘルプ-グループではすでに，精神症状と薬物療法を生活状況と関連させながら議論し，情報交換を続けている．

「精神症状が重くなったか，軽くなったか」ということに，薬物投与という方法で対処しながらも，「障害者の日常的な症状がどのように変化したのか」「その症状に対する彼ら自身の感じ方がどうなのか」，それらを彼らの話を傾聴することから学ぶことが専門職に求められる．その意味で，専門職がセルフヘルプ-グループから排除されるということがあるならば，残念なことである．セルフヘルプ-グループは，治療における患者への関わりを見直すために，貴重な機会になる．

医療専門職によって，外出の禁止や隔離室に孤立させるといった日常生活の制限を加える対応をする時，医療者側で作ったルールを状況に応じて当てはめているだけではないのかといった視点から見直してみることも必要である．そのような時には，「精神障害，症状とどうつき合うか」というテーマを頻繁に話題にしているセルフヘルプ-グループへの参加はお勧めである．

「薬を増やす」とか「入院を勧める」という対応以外に，医療専門職はどう対応できるのかを当事者の立場から真剣に考える機会となるだろう．仲間同士による問題の共有と解決を探ろうとするセルフヘルプ-グループという方法が，精神医療という方法と対等に位置して，多くの精神障害者から選ばれる時，症状や障害に当事者が主体的に関わるきっかけを作るようになると思われる．

V
当事者と医療者の対等な関係性の模索

　【事例5】で紹介した沖縄の「ふれあいセンター」の当事者たちは，利用者が中心となってクリニックを作る話し合いを始めている[40]．セルフヘルプ-グループ「つどい」では，診察という緊張する場面では生活ぶりや病状を詳しく語ることが少ないこと，10年以上も薬が変わらない人がいること，てんかんの意識消失発作について状況を憶えていないため主治医にうまく伝えられない人がいることなどが明らかにされている．「日常生活と病状」という精神科治療に欠かすことのできない重要な情報を，適切に医者に伝える方法

を見直すこととなった．

「自分たちが働いている福祉工場まで医者に来てもらったらどうか」という当事者の仕事場への往診スタイルの提案や，「自分たちが中心になって運営するクリニックを作ったらどうか」という提案があった．そして，どのようなクリニックにするのかについて話し合いをしている．

すでに決まっていることは，
① 医療の利用者もスタッフも，対等・平等の関係で接する
② 医療スタッフを「……さん」づけで呼ぶ
③ 医療スタッフはユニフォームを着ない
④ 薬の処方等治療方針について，利用者の意思を尊重する
⑤ 利用者へのカルテ開示を当然とする
⑥ 診療場面は診察室に限らず，利用者の職場などで一緒に働きながら診察するという項目である．

「利用者が中心となって運営するクリニック」というのは，利用者だけで運営するということではなく，利用者も医療スタッフも対等・平等の立場で運営に参加し，とかく受け身になりがちな利用者が，自分たちの思いを反映できるクリニックを作ることだという．クリニックに参加する医師が利用者の思いを肌で感じ取れるようにするには，利用者中心に活動しているところに医療を引き寄せることである．

セルフヘルプ-グループに学ぶことが専門職にとって重要であると指摘したが，すでにセルフヘルプ-グループは自分たちの身近に医療専門職を置くための画策をしている．そこでは，上記のような対等・平等・尊重の関係性に基づく治療への提案として，具体的なカルテ開示や診察場面の拡大，治療方針への当事者の参加などを要望している．

医療不信から医療を遠ざける当事者もいるが,「ふれあいセンター」のセルフヘルプ・グループメンバーたちは,

「医療を引き寄せ,医療に自分たちの思いを反映させたい」

と言う.精神疾患を持ちながら生活していく時,セルフヘルプ・グループで病状とつき合う方法や知恵を共有しても,やはり薬物治療を含めた治療が必要であるのなら,医療スタッフにいかに自分たち精神障害者の症状と生活を理解してもらうか,そのためにどうするのかを考えることは重要となる.

「自分たちに医療を引き寄せたい」という発想は,他科の医療以上に,生活や対人関係と症状が密接に関連する精神疾患にこそ必要な視点であることをセルフヘルプ・グループの語り合いの中から,精神障害者当事者が導き出している.

【事例5】の「ふれあいセンター」のメンバーが望む,利用者もスタッフも対等・平等の関係で接するということは,医療者にとって意外に難しいことかもしれない.困難をもたらしている要因には,専門的な知識や方法・技術を修得していることを裏づけるライセンス,およびそれを保持しているというプライドが,関係性に立ちはだかり邪魔するかもしれない.しかし,そうした関わりを無意識にしてしまっている医療者に,セルフヘルプ・グループの支援者になってもらいたくないとか,退いてもらいたいということではない.ともに生きる仲間という立場で関わろうと努力する支援者であってほしく,「自分たちの望む関わりは少し違う」ということを伝えたいのである.そうした当事者のメッセージに,支援者がどう対応するかは,あくまで支援者に任されている.当事者と支援者との間に,そうした尊重し合える関係性があるということである.

【事例5】の「ふれあいセンター」の当事者らが望むことは,当事者と医療者が対等にそれぞれの考え方を反映できる,自分たちの運営するクリニックを作ることである.

VI
日本における施策体系とサービスシステム

　すでに紹介した野田[4)][5)][41)]はカナダのBC（ブリティッシュコロンビア）州における地域精神保健システムに詳しい．
　近年，The 1998 Mental Health Planという新たな精神保健計画が策定され，1972年の大バンクーバー精神保健機構（GVMHSS）を先駆的活動モデルBest Practiceとして，州を11に分割したRegion単位に普遍化しようとしている．GVMHSSは1970年代当初，州管理のリバビュー精神病院の縮小と脱施設化に伴って，地域で暮らす慢性患者が再発・再入院することがないよう，適切なケアを提供す

る必要から生じた．医療・衣食住の世話，生活の質を保障する包括的な医療保健福祉サービスシステムである．今後普遍化されるBest Practiceには①　ケースマネージメント／積極的地域援助，②　危機介入システム／救急サービス，③　住居ならびに地域援助，④　入院／外来ケア，⑤　当事者のセルフヘルプと主導性，⑥　家族のセルフヘルプ，⑦　就労／教育サービスという7つの機能が示され，各々サービスはシステム全体のバックアップによりその有効性が高められる．この包括的サービスシステムの基本理念は，精神障害者が居所を変えようともサービスが分断しないことであるという．

　日本はどうか．法施策にサービス実施機関の設置目標が示されるが，それに従事する人材の必要数と配置，力量形成のための方策に多くの課題を残している．また，病床数の適性化を狙う保健医療計画と，母子，高齢者，障害者の福祉サービスを施設と在宅で整備することを狙う各種福祉計画とが，各々ばらばらに存在する．精神障害者にとってはこれでは不十分である．野田は，
「精神障害者が一時的に医療機関のサービスを利用し，治療した後町に暮らす時必要なものは，『屋根，かね，医療，人の支え』の4つである」
と述べている．
　医療中断して再発してしまい，なかなか受診したがらない精神障害者にどう受診を勧めたらいいのかといった議論は，そのまま移送制度の問題にすり替わり，その手段を人権に配慮した方法でいかに整備するのかといった話題になりやすい．バンクーバーでは，医療につなげたらどうにかなるといった考え方ではなく，地域生活における再発の危機状況にどう対応するかといった方策をBest Practiceに示された7つの機能を活用することで解決を図ろうとする．継続した医療を必要とする精神障害者が，病状に応じた医療を安心して

受けられるための，地域での支援が考えられないものだろうか．決して地域生活から離れた医療によるアプローチだけでうまくいくものではないだろう．地域の多職種連携チームがそれぞれに機能し，適切な医療を受ける権利を保障できるよう検討するべきだろう．

野田は，

「日本の精神保健医療施策の『背骨になるコンセプト』がなく，すべての施策が包括性を欠くパッチワーク的なものとなっている」と述べている．精神保健福祉法を「背骨」とするなら，それに基づく実施計画は，都道府県の障害者計画あるいは地域保健医療計画，さらには市町村の地域保健福祉計画である．しかし，それらの関連性を示す全体のデザインが示されないため，都道府県，市町村が各々の独自性のあるものを策定しても，全体的な構造がわかりにくくあいまいで，有効性も不明瞭なものとなる．

BC州の精神保健施策の背骨は，先にも述べたBest Practiceの考え方に明確に示されている．この目標のために何をなすべきかが各々シュミレーションできるよう施策体系で示されている．

日本は2002（平成14）年度以降，精神障害者の福祉サービスは，市町村レベルで障害者福祉の一環として整備されることになる．身近な生活の場から精神障害者を支援するサービスシステムを作ろうとするなら，ときどき病状の変化に苦しめられる彼らの生活にも対応できるシステムであることが当然求められる．そうしたシステムは決して福祉に限定してしまうものでなく，保健や医療，社会参加の機会まで含めた，総合的な支援システムでなければならない．

2003（平成15）年度から市町村に実質的に義務づけられる地域福祉計画には，現在市民活動として広がり始めた精神保健福祉ボランティアの活動支援が項目として盛り込まれることも期待したい．そうした市民活動を支援する拠点となる社会福祉協議会も，精神障害

者支援の重要な役割を担うことになろう．

　しかし，これまでの精神障害者支援サービスの拠点，精神保健福祉センターや保健所とどうリンクするのかも課題となってくる．高齢者や他の障害者に対する保健福祉サービスに実績のある市町村が，精神障害者の保健福祉サービスにも前向きに取り組むためには，都道府県の精神保健福祉センターや保健所が，どのような専門的支援をするかは大いに影響するであろう．精神障害者への支援における保健福祉と医療の間にある溝を直視し，当事者の立場からどのような支援が求められるのかを考え，各々が継続的に役割を担い精神障害者が地域で生活するための包括的なサービスのありようを見出したいものである．

　保健医療福祉などの機関や施設，そこに従事する職員やボランティアといった人を視野に入れ，システムをどう作ったらいいのかを論議する時，最も重要とすべきは当事者のニーズである．決して「専門職や家族により見立てたニーズ」であってはならない．それらのニーズと精神障害者らによるニーズが，対等にシステムづくりの論議の資料に盛り込まれるようにしていくことも，専門職，あるいは行政職の重要な当事者活動支援となる．疾病や障害を持ちつつ生活する人にしか実感し得ない，体験したから理解できるニーズを専門職が尊重していくには，精神障害者が発言できる機会をどのように作っていくのかが重要であり，サービスシステムの実質的な中身に大きな差を生むこととなるだろう．

終章

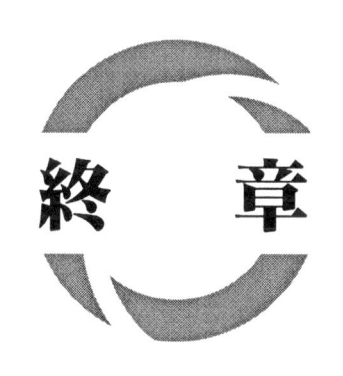

改めて専門職の支援における課題とは

1. 第4章までに述べたこと

さて，本書ではセルフヘルプ-グループに関わる望ましい専門職の支援のあり方について考察してきた．

第1章では，当事者が語るセルフヘルプ-グループの現状と専門職への期待を明かにすることを試みた．セルフヘルプ-グループの担い手が求める支援は，当事者だけで集まり，癒し合い，力を分かち合うことから，より社会に開かれるきっかけとなる支援へと，広がりがあることが明らかになった．

確かに，セルフヘルプ-グループは健康な人とは共有できない話題を，仲間と共有できる貴重な機会であるし，仲間の体験には共通項を見出しやすい．しかし，それだけでは精神障害者の生き方そのものを社会的に理解してもらうことはできない．多くの社会的偏見・差別や誤解を招く社会の無理解を改善することは，精神障害者にとって利益をもたらすことである．実際に，支援者がセルフヘルプ-グループに参加することは健康な人となじむための入り口になり，精神障害者とだけつき合うという対人関係ではなく健康な人ともうまくつき合えるようになることが望ましいと，【事例1】の当事者は述べている．そして，そのことにより，自分の生活と病気との距離が保てるようになるのだという．

ただ，注意しなければならないのは，ミーティングに専門職が入ることは，支援という意味で必ずしもプラスにはならないことである．当事者は，自分たちを引っ張ったり，世話をしたりすることは必要ではないと述べる．当事者と同じ目線で見守っていてくれるだけという関わりが，支援者にできるかどうか試されている．

また，【事例2】の当事者は，精神科に入院体験を持つ当事者だからできる活動は，もっと社会的に評価されるべきであり，それら

を社会的な活動として地域社会が認識し，よりよい精神保健システムの構成要素として役立てることが課題であると述べている．精神医療を体験した回復者でなければできない活動，やる気もエネルギーもとても彼らには及ばない活動というものは，もっと社会的に評価されなければいけないのだろう．カナダのバンクーバーの地域精神保健システムは，救急医療と生活支援がうまくミックスされて連携し，医療をたびたび必要とする精神障害者にとって不可欠なサービスシステムとして整備されている．このシステムにもセルフヘルプ活動は重要な位置を占めている．

　第2章では，専門職の関わるセルフヘルプ-グループ活動を事例として，望ましい専門職の関わりについて，その視点と方向性を探った．
　【事例3】では，就労を支援する役割を持った専門職らで作ったセルフヘルプ-グループが，当事者の就労の有無にかかわらず，相互の生活支援となっていることを明らかにした．【事例4】では，専門職（作業所職員）がボランティアとしてセルフヘルプ-グループに関わることは，所属する施設から離れて当事者の力を見直し，改めて専門職としての視点を見出すことを明らかにした．【事例5】では，当事者が専門職に，支援者としてではなく，ともに活動する友達のような仲間であり，同じ社会に生きる仲間としてつき合ってほしいことが明らかになった．また，支援者は当事者の力を信じ，同伴することが重要であることを明らかにしている．【事例6】では，クラブハウスモデルにおける当事者相互支援とそれを尊重した専門職の関係性が，当事者の本来の力に影響することを紹介した．当事者の主体的な参加が保障され，運営やサービスのあり方を決める場で，ともに考えたり知恵を出すことを期待される中でこそ，真の力が発揮されることが明らかにされた．

第3章では，セルフヘルプ-グループについての歴史的な研究成果を踏まえながら，本論における定義を確認し，今日的課題について検討した．「保護者」とか「取り込みタイプ」といった態度は，「側面的に援助する」態度に改められることが求められていること，また，援助を受けることで援助されるということや，ニーズを最も知っているのは当事者であるという視点を再確認し，当事者の発言から学ぶことに多くの価値があることを確認した．

　第4章では，セルフヘルプ-グループと専門職の支援について検討を試みた．当事者はセルフヘルプ-グループで精神症状についてたびたび話題にし，相互に情報交換しながら，必要な時に専門職を活用したいと思っていること，医療者との対等性のもとで，自分たちが望む社会資源を創造していく活動をセルフヘルプ-グループの発展のあり方と考えていることを明らかにした．さらに，ボランティア性を基盤とした当事者と専門職の協力関係は，そこに市民性という共通基盤ゆえに対等な関係を作りやすく，当事者は医療者ともそのような関係が持てることを希望していることを明らかにした．また，当事者自身が現地を見学し，絶賛するカナダのバンクーバーのサービスシステムは，救急医療を生活支援と連携させた日本にはないきめ細やかなサービスシステムであり，当事者はこのような支援態勢を日本の制度にも望んでいることが明らかになった．

2．セルフヘルプを尊重してこから学ぼうとする専門職

　セルフヘルプ-グループに関わる専門職には，限りなく当事者の主体性を尊重し，潜在的な力を信頼し，仲間同士の支援が発揮されることを見守れるかどうかが試される．また，社会的な偏見や差別

のある精神病者として生きてきた過程で培われた自尊感情を持つ仲間によって，傷ついた自尊心を持つ精神障害者が回復できる．このことは，専門職による支援では決して得ることのできない回復のプロセスであろう．専門職には，彼らと活動をともにする中で，そのような回復過程の実際をどのように見守るかを学ぶことが課題となろう．

　カレン＝ヒル[25]は，
「セルフヘルプ活動は学ぶことはできても，教えられるものではなく，セルフヘルプ活動にまったく平等なメンバーとして参加することにより，自分たちの生活の問題を克服する力を実感し，問題状況を考え，行動できるようになり，自分たちのニーズを満たす最もよい方法を学び，さらに経験を積み重ねる」
と，セルフヘルプによる力の獲得と生活問題の解決の仕方について記述している．

　専門職による援助とは異なるこのような力の獲得と生活課題の解決の仕方から，専門職はどう援助すべきかを気づかせてもらえる貴重な機会を得る．本書のいくつかの事例から，専門職に求められていた「人間同士，仲間」という視点は，専門職が知識や経験から一方的にニーズを判断してしまったり，当事者の期待や希望とずれていることにすら気づかないという事態を避けることに貢献する．セルフヘルプ-グループで当事者が語ることから学び続けることは重要である．

　すでに社会福祉学や看護学といった対人援助専門職の基礎教育では，病者や障害者の話から学ぶというプログラムが授業に取り入れられている[42]が，今後は専門職がそのような視点を失わないための方法について研究される必要があるだろう．「してあげる，援助する」あるいは「守ってあげる，保護してあげる」という対応がすで

に身についてしまっている医療・福祉専門職にとっては，当事者と同じ目線に身を置くことは，相当な発想転換を要するかもしれない．

　本論の事例でも見られるように，かつての医療従事者との関わりを悲惨な体験と捉え，専門職に対して批判的な感情を持っている人もいる．専門職はセルフヘルプ-グループに出会うことで，このような本音に触れる機会を持つことができる．そこから，医療サービスそのものを彼らの期待に近づけられるよう，歩みをともにすることができる．沖縄の取り組みは，セルフヘルプ-グループに関わる当事者と専門職が，話し合いの中から医療サービスそのものをオーダーメイドで作り出そうという，これまでにない試みである．地域で暮らす精神障害者が作る医療サービスとはどのようなものなのか．保健福祉サービスとの連携を含めた包括的なシステムとして望ましいものとなるのか，実践報告を期待したい．また，そこから専門職は多様な刺激を受け，研鑽したいものである．

　精神医療を受けることに対するさまざまな無理解と社会の偏見は，未だ根深い．福祉サービスを受けながら生活することも，怠け者という烙印，働かざる者食うべからずという，勤勉な日本人らしい発想から，さまざまな条件でそうしたくてもできない障害者に苦しみを与える．しかし，発想を変えれば，精神障害者になったことで役立つ社会貢献もあることを事例に登場した当事者たちは語り，実現させようとしている．セルフヘルプ-グループはそうしたものを社会にアピールし，作り出していく土壌となる可能性を持つ．

3．医療と福祉の専門性について

石川[43]は,
「専門性はもともと典型的な医学モデルに示される生活領域を切り分けて特定化する『治療法』から始まっており，その範囲を限定的に体系化することで高めてきた．福祉援助においても医学モデルに追随する発展過程を歩み，価値と知識と介入の3要素が整理されている」
と述べている．

また，「障害概念の変遷と精神保健福祉」[44]について,
「精神障害へのアプローチを，医学モデルで行う段階的で直線的な医療のみならず，生活モデルで行う生活環境を調整し保健・医療サービスを安心して受けられる状態にするために，医学モデルとは逆方向の福祉的アプローチが同時に求められ，双方向のアプローチの組み合わせが必要である」
と述べている．

従来の「専門職主導により障害者を援助する」という視点から，障害者が主体的に地域生活を送れるように「専門職も支援する」という視点に方向転換することの重要性を指摘している．

精神障害者には，生活領域と密接に関連させた福祉的アプローチが，医療的アプローチとともに必要であるという．【事例5】に登場する当事者は,
「同じ時代を生き，同じ社会に生きる人間同士，仲間として，ずっとつき合う関係．当事者と支援者ではなく，仲間としてともに力を合わせていこうとする間柄」
と述べているが，こうした関係性は，まさに石川の述べる福祉的アプローチであり，事例に登場したソーシャルワーカーはそれを身に

つけていた.

　しかし，このような福祉的アプローチは，医療専門職に必要ないものだろうか．筆者は決してそうではないと思う．
　この当事者は，福祉的アプローチのような専門職の支援を大変好意的に思っていて，自分たちが運営するクリニックの医療専門職に，こうした意識で関わってもらいたいと望んでいる．このような支援は福祉専門職にだけ求められるものではなく，実際に医療専門職にも求められている．
　では，生活領域に関わる医療専門職のアプローチとはどのようなものなのだろうか．地域の暮らしの日常を共感できず，患者が何を訴えようとも治療方針はこちらが決めるという姿勢の医療従事者は，彼らの期待する支援とは程遠く，当事者を大いに失望させるだろう．
　病を抱え，障害を抱え，多様な生活困難を抱えながら暮らしている精神障害者にとって，福祉専門職とともに医療専門職の関わりも必要となる．福祉専門職であろうと，医療専門職であろうと，当事者に対する目線，意識，価値観といったものを，精神障害者を支援する専門職として，身につけることが求められる．
　精神保健福祉士という，1999（平成11）年3月に初めて国家資格を得た新しい専門職は，精神障害者の社会復帰に関する援助を行うことを業務とし，「医療と福祉をつなぐ分野」を専門領域とする今までにない専門職種であり，医療を行わない福祉関係職種であると言われている[45]．この資格化によって，精神保健福祉士を含め，精神障害者に関わる対人援助専門職は社会的に注目され，その援助方法・技術論が質的に問われる時代となるだろう．本書で述べたセルフヘルプ-グループから学ぶ専門職の支援のあり方は，望ましい支援のモデルとなる．

4．専門職の支援に関する研究への期待

　精神障害者セルフヘルプ-グループと支援者についての研究は，これからも精神医療と精神障害者福祉を展望する上で多様な気づきを与えてくれるだろう．しかし，この分野の研究方法として，筆者はあくまで実践事例から検討し続けることにこだわりたい．なぜなら，医療や福祉サービスを必要とする状況とその内容を最もよく知っているのは当事者自身であり，彼らのありのままの話を援助関係という枠組みを離れて傾聴できる貴重な場こそ，セルフヘルプ-グループであるからである．

　これからはセルフヘルプ-グループに関わりながら，サービスそのものをよりニーズに合ったものに作り替える当事者に協働する専門職の支援についての研究にも期待したい．当事者のニーズに合う援助を提供できるよう教育された人が専門職であるならば，かゆい所に手の届くサービスを一番よく知っている当事者とともに考え，一緒に作っていくことがより望ましい専門職であると言える．リースマンの言う「サービスの受け手が最もよくニーズを知っている」という歴史的真実を継承し，精神障害者であることが絶対条件となるプロシューマーのサービスに，専門職はどのように関わっていくことができるのかを研究しなければならない．

　また，もう1つの研究課題として，「セルフヘルプ-グループにボランティアとして関わること」についても研究を深め，整理する必要がある．本書では，作業所職員のボランティアとしての関わりから，彼らの気づきと学びを事例として取り上げ考察を加え，また，沖縄の事例では当事者の発言から永山さんの関わりそのものがボランティアのようであることを明らかにした．しかし，職種によって，所属機関やポストによって，同じボランティアであっても関わり方

に違いがあるかもしれないし，当事者に期待される関わりの内容が異なるかもしれない．そうした仮説のもとに，より多くの実践例から理論化していける可能性がある．遠山は，セルフヘルプ-グループを自助組織として機能するための専門職のあるべき姿は，「ボランティア」であるとしているが，専門職の活動の一部として，ボランティアとしての立場で関わる活動が位置づき，その代表的なものがセルフヘルプ-グループへの関わりであるとも言える．本書の事例からは，パイプ役としてセルフヘルプ-グループに作業所職員がボランティアとして通い続けることが，作業所職員の役割でもあることが明らかになった．

石川の述べた専門性，当事者性，素人性は，それら3つの性質を包括するものを市民性と考え，援助実践そのものの性質を区別するが，1人の人間が，時と場所や立場によって，それぞれの性質をうまく使い分け，役割を担うこともできるだろう．素人性を発揮した専門職の活動をどう考えたらいいのか，困難を伴うだろう．しかし，専門職であっても精神障害者になることがあり，当事者性を発揮した活動を担っている人もいる[46]．このような理由から，専門職による精神障害者への支援について，市民性を発揮したボランティアという立場での関わりをより深め広げることの必要性を主張したい．

5．本書で紹介した事例の限界

本書で紹介した事例の限界は，専従者として，あるいはボランティアとして，ここで紹介するすべてのセルフヘルプ-グループに継続的に関わりを持つことが不可能であったという点である．継続的にセルフヘルプ-グループに関わることによって事例をまとめた研究[33) 36)]とは比べものにならないほど，内容的に貧弱であるということは言うまでもない．

しかし，継続的な関わりではないが，筆者が直接関わったことのある事例を並べて記載し，セルフヘルプ-グループ活動と専門職の関わりを第三者の立場で検討をしたことが，本書の特色であり，成果である．

　またこのことは，「限りなく当事者の主体性を尊重し，当事者の潜在的な力を信頼し，仲間同士の支援による力の発揮を見守る」といった精神障害者が望む専門職の関わりと言われていることが，日本の現状ではどうなのかを，身近な事例から考える機会を提供している．少なくともここに紹介した事例は，こうした望ましい関わりに十分匹敵する内容であったと確信している．精神障害者のセルフヘルプ-グループへの支援に留まらず，これからの精神障害者の地域生活支援の考え方と展開のモデルとして十分活用し得るものであると考える．

付録

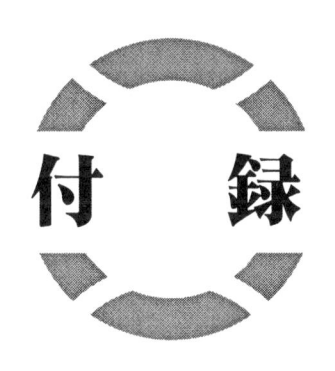

セルフヘルプ‐グループに関する研究の動向

本項では，セルフヘルプ-グループがそもそもどのような活動から生まれ，今日に至ったのかについて述べてみたい．そのためには，まず，セルフヘルプ-グループの歴史的思想と活動を紹介し，わが国の歴史的展開と精神障害者のセルフヘルプ-グループについて述べてみたい．

1．セルフヘルプ-グループの歴史

セルフヘルプ-グループの思想的な起源については[33)][37)]，思想家であったスマイルズ（Smiles）の「自助論」(1858)やクロポトキン（Kropotokin）の「相互扶助論」(1902)による個人主義的自助と，社会変革を目指す相互扶助の思想の市民社会への浸透に遡るという．カッツ（Katz）はイギリスにおける初期のセルフヘルプの形態として，職人組合や友愛協会，協同組合を上げている．現在でも第三世界では安全な給水や村落の灌漑システムというような相互扶助形態としてセルフヘルプは存在している．しかし，近年セルフヘルプ-グループは，主として保健・福祉分野のヒューマン-サービスに関連するものを中心に用いられている．

この意味で欧米のセルフヘルプ-グループの起源は，1930年代からである．アメリカに限って言えば，社会問題としては，ナチスに追われてアメリカに移住したユダヤ人の組織(1936)であり，精神障害者のセルフヘルプ-グループとしては，AA（Alcoholiks Anonymous）(1935)やリカバリー協会（精神障害回復者の会）などが最初とされている．

1950年代から1960年代に多くのグループが設立された．特にAA方式をそのまま取り入れたアノニマスグループと呼ばれる無名性を特徴とするグループが増加し，「自己治療的な志向の強いグループが主流であった時期（岡，1990)」が1950年代であった．その後1960

年代に入ると，社会的背景として市民運動，公民権運動，草の根運動，反戦，言論の自由，カウンターカルチャーといった動きが盛んな時代となる．セルフヘルプ-グループの視点は下から上への志向性を持ち，これら1960年代の社会的動向と根底でつながり，その出現を豊穣なものにした．（岡：社会変革志向の強いグループが台頭する時期）

1970年代以降は，例えば医療・保健領域ではほとんどの障害や疾病にわたると言われるほどセルフヘルプ-グループが増大した．

1990年代は慢性疾患やエイズや精神障害の回復者のグループのように，時代のニーズに合わせて多くのグループが設立された[33]．

セルフヘルプ-グループは多様化し，その数もここ数年増えてきている．

カナダの政策担当ソーシャルワーカーであるカレン・ヒルが1987年，日本における講演会の席で述べられた次のようなコメントが，当時の北米のセルフヘルプ-グループの実際を語っている．

「セルフヘルプ-グループは人間の生活上のあらゆる出来事に対して組織される．例えば，老親の介護者のグループ，幼いわが子を突然亡くした親のグループ……．親となったり，離婚したり，配偶者と死別したり，障害を持つようになったり，人生に変化が生じた時，人生における新しい役割を遂行しなければならなくなった時に，抱えている問題別にそれぞれ集まる．その数は正確には述べられないが，北米だけでも何千というセルフヘルプ-グループに，何百万人という会員がいると考えられている」[47]

日本のセルフヘルプ-グループは，おおよそ第2次世界大戦以降からグループが設立され実質的活動が始まり，特に1960年代後半から1970年代にかけて欧米型のセルフヘルプ-グループが組織化され，年代により障害，疾病，難病，アディクション（嗜癖）といったグ

ループが設立されているという[33]．この経過について，久保は，
「日本のセルフヘルプ-グループの初期の発展は欧米とは少し異なる．1948（昭和23）年の日本患者同盟と1951（昭和26）年の全国ハンセン氏病患者協議会は，患者自身による自主的な組織として設立された初期の代表的なグループであり，大戦後の患者の置かれた劣悪な状況に対する医療や生活保障などの要求運動や，社会的なスティグマを負った人たちの偏見の除去などのソーシャル-アクションが中心的な課題であった」
と述べ，後の1963（昭和38）年のサリドマイド児親の会，1969（昭和44）年のカネミ油被害者の会，1974（昭和49）年の水俣病患者同盟など公害，薬害による賠償，予防に関するグループの出現も，同様の課題を持つセルフヘルプ-グループと考えられている．

　石川到覚ら研究グループは，疾病，障害，健康問題に関わりのある全国的に組織化された日本のセルフヘルプ-グループについて一覧表を作成している．共通する問題の種類により，① 疾病，② 難病（厚生省の特定疾患治療研究事業の対象疾患），③ 回復者，④ 障害，⑤ その他の5つに分類して掲載しており，1998（平成10）年10月現在セルフヘルプ-グループは，① 疾病に関するものが20グループ，② 難病に関するものが14グループ，③ 回復者のグループが11グループ，④ 障害に関するものが43グループ，⑤ その他，健康被害，薬害，アルコール依存症等のグループが31グループの計119グループであるという[48]．こうして見ると，セルフヘルプ-グループ119のうち，障害者が集うセルフヘルプ-グループが43グループと最も多いことに気づく．

2．日本のセルフヘルプ-グループ研究史～1980年代以降～

　久保は著書「セルフヘルプ-グループの理論と展開」[33]の中で，
「わが国のセルフヘルプ-グループ研究はまだ緒についたばかりである．1980年代後半から1990年代に入ってから，社会福祉，保健・看護，医学（特に精神医療），臨床心理学などの分野で，研究者や専門職の人たちが意識的にセルフヘルプ-グループに目を向けるようになった．次第にセルフヘルプ-グループは多くの研究者や専門職に注目されるようになり，研究も着実に成果を上げている」と述べ，現在までの専門職や研究者たちの取り組みを，着実な成果として評価している．

　岡[37]は，1976（昭和51）年ごろからアメリカを中心にセルフヘルプ-グループに関する論文が次々と発表され，その後間もなく各国に紹介されると同時に日本にも紹介され，専門職や研究者がセルフヘルプ-グループに注目するようになったという．岡はこれまで見られたセルフヘルプ-グループの活動を，言わば専門職が「発見」したと表現している．その後1983（昭和58）年になると，本格的な国際比較研究が発表されるようになり，社会学的，心理学的な立場から，実際のセルフヘルプ-グループ活動がどのようなものであるかといった「事実把握を目的とした研究」にとどまらず，1983（昭和58）年以降にセルフヘルプ-グループを育成するという視点からの「援助実践的な研究」が増えてきたと記述しているが，著者の作成した研究史を概観した年表（**巻末の添付資料3を参照**）からも，特に1987（昭和62）年以降に研究成果が顕著に増加していることが明らかである．

筆者は，日本のセルフヘルプ-グループ研究について，研究者の学問的基盤により，① 社会福祉系研究者によるものと，② 看護系研究者によるもの，③ 医師によるもの，④ 当事者によるものと大きく4つに分類し，年表を作成した（**資料3**）．この年表からも，これまでのセルフヘルプ-グループに関する研究は，圧倒的に社会福祉系研究者によるものが多い．年表を基に1980年代以降の研究史について概観する．

1）1980年代前半

1980年代はセルフヘルプ-グループの実践とはどのようなものであるのかが紹介された時期である．川田誉音[49]は公衆衛生雑誌に論文を掲載し，久保[50]はソーシャルワーカーの雑誌に掲載している．日本ではこうした社会福祉，公衆衛生に関連する研究論文によりセルフヘルプ-グループの活動が紹介されたと見られ，活動の具体的展開方法やその効果が明らかにされ，多くの保健・福祉関係者に普及される先駆けとなったと考えられる．中でも，久保らによる「セルフヘルプ-グループの理論と実際」[24]は，海外のセルフヘルプ-グループ実践とその活動理念を日本に体系的に紹介し，セルフヘルプ-グループづくりのガイドとしてすぐに活用できる内容のものとして注目された．その後，精神科医も院内の患者会活動や家族会活動に注目し始め，蜂矢英彦・村田信男が「家族会・友の会活動と精神科医療」[51]と題した論文で，その精神科治療的な効果について論述している．

2）1980年代後半

1980年代後半になると，岡は「セルフヘルプ-グループの機能について〜その社会的機能と治療的機能の相互関係」（大阪市立社会福祉学会紀要）[52]，「地域のセルフヘルプ-グループを援助する専門

機関」(日本社会福祉学会)[53]を発表し,岡と久保により「セルフヘルプ活動を支える」[47]と題した論文が看護学雑誌に掲載されている. これらの論文によって,セルフヘルプ-グループを支援するという視点が実践と関連させながら深められ,専門機関に所属する専門職がその担い手としてどのように関わるのかという,実践的課題が明らかにされるようになった.

外口玉子ら(看護)による「患者・家族会のつくり方と進め方」[24]は,看護や社会福祉に従事する人たちが,実践場面でセルフヘルプ-グループづくりにどのように関わるのかについて,海外の文献を翻訳し,紹介している. さらに外口は,「セルフヘルプの機能と役割」[54]を看護学会で紹介している.

久保による「自立のための援助論」[42]と題した単著は,看護学や社会福祉学の学生がセルフヘルプ-グループに学ぶことの意義について論述し,いずれセルフヘルプ-グループと関わることになる専門職が,学生時代にセルフヘルプ-グループと出会っておくことの価値について提示し,実際に大学における教育場面を紹介し,学生自身の感想などについても紹介している. 窪田[55]は回復者クラブ・ソーシャルクラブの意義を唱え,その育成の方法について論じている. 中島紀恵子[56](看護・保健)は「日本のセルフヘルプ-グループ〜その活動の意味〜」という論文において,健康問題を持つ住民に関わるという視点から,セルフケア概念とセルフヘルプ-グループを関連させて整理している. (1989)これらの論文は主に社会福祉学や看護学の雑誌や学会報告書等に掲載されており,当時ソーシャルワーカーや看護職によるセルフヘルプ-グループへの関心が高くなってきていたと考えられる.

1980年代はこうした社会福祉学および看護学の研究者や精神科医師による,海外の論文の紹介や概念整理,日本の実践活動の紹介と体系化といった内容の研究が進んだ.

3）1990年代前半

1990年代に入ると，岡は「セルフヘルプ-グループの概念をめぐって」[57] により概念整理を深め，セルフヘルプ-グループ運動を理解する道筋として，セルフヘルプ-グループには「わかちあい，ひとりだち，ときはなち」[58] というプロセスを経て，社会改革という視点の運動に至るという流れを説明している．

一方，精神障害者福祉の実践家である住友雄資・谷中輝雄は「精神障害者の自助活動」[59] と題した論文を精神医学関連雑誌に紹介し，セルフヘルプ-グループを社会運動という視点から捉え，活動の流れを概観し，今後の展望を述べている．

生駒芳久[60] はメンバーと専門職の相互作用や，セルフヘルプ-グループによるサービスシステムの展開について述べ，平野かよ子[61, 62]（保健）は，アルコール依存症の治療・回復を図るAAに代表される自助組織の特性を明らかにし，地域保健・福祉における相互支援の方法を実践例を取り上げ，具体的に考察した．後藤雅弘[63]（医学）は福祉施策として位置づける視点からセルフヘルプ-グループを論じ，岡[64] はセルフヘルプ-グループが多くできてくると，それらをつなぐ機能を担う専門的な拠点として「セルフヘルプクリアリングハウス」が必要となり，その実例を紹介しながら，多くのセルフヘルプ-グループをつなぐ地域支援システムという論点を示している．

また，窪田暁子[65] は精神障害者が患者役割から脱出し，社会復帰するために，スタッフとメンバーが共働的な相互関係を持つということに価値があることを，クラブハウスをモデルとして明らかにしている．

4）1990年代後半

1990年代後半になると，三島一郎[66]（心理）がセルフヘルプ-グ

ループのオルタナティブサービスをサービスの需給システムの一部とすることへの期待を論じ，岩間文雄[67]らが専門職の支援のあるべき姿を明らかにするなど，支援に関する研究の蓄積が深まってきた．

　北野誠一[68]はセルフヘルプ-グループには専門家による支配も，命令も，アドバイスも，励ましも，受容も必要はなく，生きづらさを分かち合い，はばかることなく思いのたけを話せ，唯一話す気になれる分かち合いの場であることが求められ，それにはメンバー間に支配や上下関係があったり，指導的な部外者や専門家がいては成り立たないと，セルフヘルプ-グループ本来のあり方への回帰を促す論を展開している．その上で，病気や障害を治したり，軽減したいという目的志向のグループはセルフヘルプ-グループとは別に持たれるべきで，同じ苦しみ，悩み，生きづらさを分かち合う純粋なグループにセルフヘルプ-グループを限定して捉えるという考え方を示している．

引用文献

第1章

1. 半澤節子：はじめて千人を超える集会を実現した全国精神障害者連合会沖縄大会．精神保健ジャーナルゆうゆう；第39号，66-69，2000．
2. Gartner.A・.Reissman.F.(久保紘章監訳)：Self-Help Group in the Human Services, Jossey-Bass, San Francisco, 1977（セルフ・ヘルプ・グループの理論と実際．川島書店．1985）p58「コミットメントの十戒」AA World Service INC, (1990), Alcoholics Anonymous Comes of Age（AA日本出版局訳,『12ステップと12伝統』，AAニホン・ゼネラル・サービス・オフィス, 1982）
3. 半澤節子・大澤日登美：生活支援としての精神科救急〜当事者が絶賛するバンクーバーモデルに迫る；精神保健ジャーナルゆうゆう，第36号，29-33，1999．
4. 野田文隆：汗をかきかきレジデント；星和書店，1991．
5. 野田文隆・佐々木高伸：地域精神医療におけるバンクーバー・バーナビー．台北モデルの比較と日本の医療への適用性；臨床精神医学，20(5)，1991．
6. ブリティッシュ・コロンビア大学精神科 Soma Ganesan：学術講演会報告書；バンクーバーの精神保健ネットワーク〜精神科医の立場から，1998．
7. Judi Chamberlin（「精神障害者の主張」編集委員会編）：ユーザー運営のセルフヘルプ・プログラム〜仕事の機会を提供する新しい方法．精神障害者の主張〜世界会議の場から；解放出版社，177-185，1994．
8. P.D.del Vecchio（「精神障害者の主張」編集委員会編）：ユーザー自身により新しいサービス．精神障害者の主張〜世界会議の場から；解放出版社，253-258，1994．
9. J.Wallcraft（「精神障害者の主張」編集委員会編）：精神保健サービスへのユーザー参加．精神障害者の主張〜世界会議の場から；解放

出版社, 259−265, 1994.
10. Carl-Axel Ringsparr (「精神障害者の主張」編集委員会編)：私たちこそプロフェッショナル．精神障害者の主張〜世界会議の場から；解放出版社, 266−271, 1994.

第2章
11. 半澤節子・高田征四郎：就労というテーマで集まった当事者の相互支援活動「しごとミーティング」〜職業安定所の相談員と当事者の共同による新たな試み；精神保健ジャーナルゆうゆう, 第32号, 34−41, 1997.
12. 半澤節子・栄セツコ・田中英樹：当事者主体で多様なメニュー〜沖縄の精神保健福祉の歴史と現在；精神保健ジャーナルゆうゆう, 第34号, 5−14, 1998.
13. 半澤節子・原久美子：クラブハウスにおける活動の展開と支援者の役割．精神保健ジャーナルゆうゆう；第35号, 44−53, 1999.
14. 髙良正生 (報告者)：第13回精神障害者リハビリテーション会議；精神障害者の社会復帰と社会参加を推進する全国会議資料集, (第5分科会セルフヘルプ分科会), 116−117, 1999.

第3章
15. より良い医療をめざすあすなろ会：仲間と共に〜あすなろ会25年の歩み；90−93, 1994.
16. 遠山照彦：目でみる精神医療史〜第10回精神障害者患者会の歴史；精神保健ジャーナルゆうゆう16号, 66−71, 1992.
17. 研究代表者岩田泰夫：セルフヘルプ・グループの実態に関する調査研究．精神分裂病者のセルフヘルプ・グループの設立と運営に関する調査研究報告書；62−64, 1998.
18. 田中英樹：精神障害者のオルタナティブサービス；佐賀大学文化教育学部付属教育実践研究指導センター紀要第16号, 53−77, 2000.
19. 谷中輝雄：精神分裂病者の自助活動；社会精神医学, 14 (2), 109−110, 1991.

20. 「病」者の本出版委員会編著：天上天下「病」者反撃～地を這う「精神病」者運動；社会評論社，218－222，1995．
21. 三田優子・大島巌・山崎喜比古・園田恭一：精神障害回復者のセルフ・ヘルプ・グループの実態と意義．社会医学研究；第10号，91－95，1991．
22. 三島一郎：セルフヘルプ・グループの機能研究に関する批判的再検討．日本社会事業大学編．社会福祉システムの展望；中央法規出版，399－412，1997．
23. 三島一郎：セルフ・ヘルプ・グループと外的システムの間の連関・連携についての検討；日本社会事業大学研究紀要，第43集，59－70，1997．
24. Gartner．A・．Reissman．F．(久保紘章監訳)：Self-Help Group in the Human Services，Jossey-Bass，San Francisco，1977（セルフ・ヘルプ・グループの理論と実際；川島書店，1985）
25. Karen Hill（外口玉子監修．岩田泰夫・岡知史訳著）：Helping You Helps Me. A Guide Book for Self-Help Groups, 1984.（患者・家族会のつくり方と進め方；川島書店，1988．）
26. 岩間文雄：セルフヘルプグループへの支援～専門職が担うことの出来る役割とは何か；ソーシャルワーク研究，23（4），13－18，1998．
27. 市川文子（長谷正人・中江佳子編著）：専門家の関与．1998年度社会調査実習報告書；セルフヘルプ・グループ～いきづらさの修辞学，千葉大学文学部行動科学科社会学研究室，362－363，1999．
28. 高松里：セルフヘルプグループと専門職とのかかわり，朝日福祉ガイドブックセルフヘルプグループ，大阪セルフヘルプ支援センター編，朝日新聞厚生文化事業団，1998．
29. MaryO'Hagan著（中田智恵海監訳）：StopOvers on my way home from mars.（精神医療ユーザーがめざすもの～欧米のセルフヘルプ活動）；解放出版社，p134，1999．
30. 研究代表者岩田泰夫：セルフヘルプ・グループの運営と支援の方法に関する研究；精神分裂病者のセルフヘルプ・グループの設立と運営に関する調査研究報告書，p132，1998．

31. 久保紘章：自主グループ・セルフヘルプ・グループとは〜その特徴と支援のあり方；生活教育，7−12，1997．
32. Adams. R：Self‐Help；Socail Work and Empowerment, Macmillan, 1996.
33. 久保紘章（久保紘章・石川到覚編著）：セルフヘルプグループとは何か，セルフヘルプ・グループの理論と展開〜わが国の実践をふまえて；中央法規，まえがき，1998．
34. Riessman. F. :The Helper Therapy Principle；Social Work, 10, 1965.
35. Riessman. F. :Restructuring Help. A Human Services Paradigm for the 1990s；American Journal of Community Psychology, 18(2), 1990.

第4章

36. 石川到覚（久保紘章・石川到覚）：セルフヘルプ・グループへの社会的支援．セルフヘルプ・グループの理論と展開〜わが国の実践をふまえて；中央法規，226−242，1998．
37. 岡知史：欧米のセルフヘルプ・グループの概念規定について〜その思想的・歴史的背景から；大阪市立大学社会福祉研究会研究紀要，p55, 1990．
38. Katz.A.H.(久保紘章監訳)：セルフヘルプ・グループと専門職の関係．セルフヘルプ・グループ；岩崎学術出版社，p101, 1997．
39. 谷安正：暮らしの拠点・生活支援センター〜自分で選び自分で決める生活の支援；精神保健ジャーナルゆうゆう，32号，p33, 1997．
40. 永山盛秀：「利用者がクリニックを作る」を目指して；精神看護，42−44，1999．
41. 野田文隆：カナダのブリティッシュ・コロンビア州における精神保健システムとモニタリング，精神保健福祉のモニタリング，（吉川武彦・竹島正編集）；中央法規出版，46−62，2001．

終章

42. 久保紘章：自立のための援助論〜セルフヘルプ・グループに学ぶ；島書店，1988.
43. 石川到覚：援助理論〜福祉援助技術の実践的意義，医療と福祉のインテグレーション；へるす出版，13−23，1997.
44. 石川到覚：精神障害者の自立と社会参加の促進〜精神保健福祉法の理念と現実．新たな障害者福祉の焦点；社会福祉研究，第74号，45−51，1999.
45. 篠崎英夫（厚生相大臣官房障害保険福祉部長）：特別講演「厚生相の精神科救急医療システム構想」；精神科救急，1 (1) p9，1998.
46. 野口ルミ子：精神疾患をもつ当事者が看護婦として働くこと〜同病の友を看護するプライド；精神看護，1(2)13−18，1998.

付録

47. Karen Hill（岡知史訳．久保紘章監訳）セルフヘルプ活動を支える；看護学雑誌，p39，1987.
48. 石川到覚・久保紘章編：セルフヘルプ・グループ活動の実際〜当事者・家族のインタビューから（日本のセルフヘルプ・グループ一覧表）；中央法規，227−244，1998.
49. 川田誉音：「セルフ・ヘルプ・グループ」について；公衆衛生，45 (8) 635−639，1981.
50. 久保紘章：セルフ・ヘルプ・グループについて；ソーシャルワーク研究，6 (4) 250−256，1981.
51. 蜂矢英彦・村田信男：家族会・友の会活動と精神科医療；臨床精神医学，12 (12) 1477−1488，1983.
52. 岡知史：セルフ・ヘルプ・グループの機能について−その社会的機能と治療的機能の相互関係；大阪市立大学社会福祉研究紀要 4，1985.
53. 岡知史：地域の当事者（セルフ・ヘルプ・グループ）を援助する専門機関；第36回日本社会福祉学会，1987.

54. Farguharson. A.（輪湖史子訳・外口玉子監修）セルフ・ヘルプの機能と役割；看護学会誌, 51（1）48－53, 1987.
55. 窪田暁子：セルフ・ヘルプ・グループの意義回復者クラブ・ソーシャルクラブ等の育成の方法；全国精神障害者家族会報, 1988.
56. 中島紀恵子：日本のセルフ・ヘルプ・グループその活動の意味；日本保健医療行動科学学会年報「健康問題とセルフケアソーシャルサポート・ネットワーク」, 第4号, 21－32, 1989.
57. 岡知史：セルフヘルプグループの概念をめぐって；社会福祉学, 31（1）, 1990.
58. 岡知史：わかちあい・ときはなち・ひとりだちの運動～セルフヘルプ・グループ（本人の会）をいかに理解するか；月刊福祉, 77(1) 64－68, 1994.
59. 住友雄資・谷中輝雄：精神障害者の自助活動；精神科 Mook26, 268－274, 1990.
60. 生駒芳久（東雄司編）：アメリカの精神障害者社会復帰施設ファンテンハウスに学ぶ～精神障害者・自立への道－和歌山からの報告；ミネルヴァ書房, 206－223, 1991.
61. 平野かよ子：セルフ・ヘルプ・グループの機能と構造について；日本赤十字看護大学紀要, 4, 1990.
62. 平野かよ子：セルフ・ヘルプグループによる回復～アルコール依存症を例として；川島書店, 1995.
63. 後藤雅博：精神障害者の福祉施策としてのセルフ・ヘルプ・グループに関する研究, 平成5年度厚生科学研究, 1993.
64. 岡知史：セルフヘルプクリアリングハウス－その実例と問題点；上智大学社会福祉研究（平成3年度年報）, 1992.
65. 窪田暁子：精神障害者の社会復帰とクラブハウスモデル～患者役割からの脱出とスタッフ・メンバーの共慟的相互関係；東洋大学社会学部紀要, 32（1）通巻第45集, 49－66, 1994.
66. 三島一郎：セルフ・ヘルプ・グループと外的システムの間の連関・連携についての検討；日本社会事業大学研究紀要, 第43集, 59－70, 1997.

67. 岩間文雄：セルフヘルプグループへの支援～専門職が担うことの出来る役割とは何か～；ソーシャルワーク研究，23（4）13－18，1998.
68. 北野誠一（大阪セルフヘルプ支援センター編）：今なぜセルフヘルプグループなのか；セルフヘルプグループ（朝日福祉ガイドブック）朝日新聞厚生文化事業団，1998.

参考文献

発行年（翻訳した書籍は日本での発行年）順に記載

1. AA日本出版局編：無名のアルコール中毒患者たち～アルコール中毒からの回復；AA ニホン・ゼネラル・サービス・オフィス，1979.
2. 川田誉音：「セルフ・ヘルプ・グループ」について；公衆衛生，45（8）635－639，1981.
3. 久保紘章：セルフ・ヘルプ・グループについて；ソーシャルワーク研究，6（4）250－256，1981.
4. 蜂矢英彦・村田信男：家族会・友の会活動と精神科医療；臨床精神医学，12（12）1477－1488，1983.
5. Gartner.A・.Reissman.F.(久保紘章監訳):Self-Help Group in the Human Services,Jossey-Bass, San Francisco,1977（セルフ・ヘルプ・グループの理論と実際；川島書店，1985）
6. 岡知史：セルフ・ヘルプ・グループの機能について－その社会的機能と治療的機能の相互関係；大阪市立大学社会福祉研究紀要 4，1985.
7. Karen Hill（MSW,CSW カナダ社会開発協議会政策担当ソーシャルワーカー）（岡知史訳・監訳久保紘章）：セルフヘルプ活動を支える；看護学雑誌，1987.
8. Farguharson. A.（輪湖史子訳・外口玉子監修）セルフ・ヘルプの機能と役割；看護学会誌，51（1）48－53，1987.
9. 岡知史：地域の当事者（セルフ・ヘルプ・グループ）を援助する専門機関；第 36 回日本社会福祉学会，1987.

10. 窪田暁子：セルフ・ヘルプ・グループの意義回復者クラブ・ソーシャルクラブ等の育成の方法；全国精神障害者家族会報，1988.
11. 中島紀恵子：日本のセルフ・ヘルプ・グループその活動の意味；日本保健医療行動科学学会年報「健康問題とセルフケアソーシャルサポート・ネットワーク」，第4号，21－32，1989.
12. 石川到覚：精神障害者の地域ケア・システムについて；文部省科学研究費助成研究報告書，1989.
13. 園田恭一：セルフヘルプ・グループの意義と課題（特集住民のセルフケア・グループ活動）；保健婦雑誌，46(11)，1990.
14. 伊藤ひろ子：セルフヘルプ・グループと専門職．精神障害者のセルフヘルプ・グループ成立の特徴とその支え手をめぐって；こころの科学，第29号，1990.
15. 岡知史：セルフヘルプグループの概念をめぐって；社会福祉学，31(1) 1990.
16. 住友雄資・谷中輝雄：精神障害者の自助活動；精神科Mook26，268－274，1990.
17. 伊藤ひろ子：精神障害回復者クラブ連合会づくりの過程．共に生きる仲間づくりをめざす；精神障害と社会復帰，10(1)，1990.
18. 平野かよ子：セルフ・ヘルプ・グループの機能と構造について；日本赤十字看護大学紀要，4，1990.
19. 宮本真巳：障害者の自立と援助者のジレンマ．精神障害者の自立の向けた看護的援助をめぐって；解放社会学研究，1991.
20. 生駒芳久（東雄司編）：アメリカの精神障害者社会復帰施設ファンテンハウスに学ぶ～精神障害者・自立への道－和歌山からの報告；ミネルヴァ書房，206－223，1991.
21. 岡知史：セルフヘルプクリアリングハウス－その実例と問題点；上智大学社会福祉研究（平成3年度年報），1992.
22. 後藤雅博：精神障害者の福祉施策としてのセルフ・ヘルプ・グループに関する研究；平成5年度厚生科学研究，1993.
23. 東京都精神医学総合研究所・医療看護部門編：セルフヘルプ・グループの理論的背景とケアシステムへの位置づけに関する研究，1993.

24. 野田文隆：地域精神医療の時代の精神病院の役割（特集当事者に学ぶ～問われる精神障害者の生活と福祉）；福祉展望，第16号，10－16，1993.
25. 滝沢武久：精神障害者家族会活動の現状と課題（特集当事者に学ぶ～問われる精神障害者の生活と福祉）；福祉展望，第16号，17－23，1993.
26. 小金沢正治：ユーザー運動の体験から考える（特集当事者に学ぶ～問われる精神障害者の生活と福祉）；福祉展望，第16号，31－36，1993.
27. 岡知史：わかちあい・ときはなち・ひとりだちの運動～セルフヘルプ・グループ（本人の会）をいかに理解するか；月刊福祉，77(1)64－68，1994.
28. 窪田暁子：精神障害者の社会復帰とクラブハウスモデル～患者役割からの脱出とスタッフ・メンバーの共働的相互関係；東洋大学社会学部紀要，32（1）通巻第45集，49－66，1994.
29. べてるの家の本製作委員会編：べてるの家の本；べてるの家発行，1994.
30. 岩田泰夫：欧米の患者会の活動～欧米の患者会（セルフヘルプ・グループ）の活動に学ぶという観点から（特集みんなに役立つ患者会）；レビュー，第9号，1994.
31. 坂根実季陽：当事者会に一番支えられていたのは私（特集みんなに役立つ患者会）；レビュー，第9号，1994.
32. 三島一郎（精神障害者の主張編集委員会編）：セルフヘルプ・グループの機能と役割，精神障害者の主張；解放出版社，213－220，1994.
33. 「精神障害者の主張」編集委員会編：精神障害者の主張～世界会議の場から；解放出版社，1994.
34. 平野かよ子：セルフ・ヘルプグループによる回復～アルコール依存症を例として；川島書店，1995.
35. めぐハウス運営委員会：めぐハウス～ナースが作ったグループホーム；バオバオ社，1995.
36. 平野かよ子：セルフヘルプグループによる回復～アルコール依存症

を例として；川島書店，1995.
37. 田村文栄他：当事者の可能性を生かす，JHC板橋の実践活動から；月刊総合ケア，5 (8)，1995.
38. 田村文栄他：ひとりぼっちにならない，させないソーシャルハウス〜当事者の相互支援活動；月刊総合ケア，5 (9)，1995.
39. 窪田暁子：アルコール依存症の回復をエンパワーメントの視点からみる；ソーシャルワーク研究，21(2)，83－95，1995.
40. 田中英樹：精神保健福祉法時代のコミュニティーワーク，当事者組織の育成と支援；相川書房，1996.
41. 寺谷隆子：JHCの経験から〜精神障害者の自立と社会参加・参画への協働；最新精神医学，1 (1)，1996.
42. 久保紘章：自主グループ・セルフヘルプ・グループとは，その特徴と支援のあり方；生活教育，7－12，1997.
43. 岩田泰夫：専門職とセルフヘルプ・グループ〜他者を援助することと自分で自分を援助すること；生活教育，45－50，1997.
44. 小林るみ：傾聴と情報提供．「私も」型アドバイス；精神保健ジャーナルゆうゆう，第31号，1997.
45. 中島紀恵子：地域看護活動を促す実践理念〜自己尊厳と権利擁護；保健婦雑誌，53(9)，1997.
46. 三島一郎（日本社会事業大学編）：セルフヘルプ・グループの機能研究に関する批判的再検討，社会福祉システムの展望，399－412；中央法規出版，1997.
47. 松永宏子：自助グループと精神科リハビリテーション；精神保健研究，第43号，53－58，1997.
48. 三島一郎：セルフ・ヘルプ・グループと外的システムの間の連関・連携についての検討；日本社会事業大学研究紀要，第43集，59－70，1997.
49. 小松源助他：高齢者のエンパワーメントの基礎―ソーシャルワーク実践の発展を目指して．グループと個人に対応するエンパワーメントを志向するインターベンション；相川書房，1997
50. 半澤節子・高田征四郎：就労というテーマで集まった当事者の相互

支援活動「しごとミーティング」～職業安定所の相談員と当事者の共同による新たな試み；精神保健ジャーナルゆうゆう，第32号，34－41，1997.
51. 岩間文雄：セルフヘルプグループへの支援～専門職が担うことの出来る役割とは何か～；ソーシャルワーク研究，23（4）13－18，1998.
52. 北野誠一（大阪セルフヘルプ支援センター編）：今なぜセルフヘルプグループなのか；セルフヘルプグループ（朝日福祉ガイドブック），朝日新聞厚生文化事業団，1998.
53. 宗像利幸：ピアカウンセリングの魅力と可能性；精神看護，1（1），1998.
54. 赤松昭：現状打破のために立ち上がりつつある若年頭部傷病者と家族たち～渦が生み出すセルフヘルプ・グループの多義性；ソーシャルワーク研究，24（1），58－62，1998.
55. 髙桑京子・渡辺善和・赤坂雅文：ピアカウンセリングはおもしろい．ピアカウンセリングの精神を学んで；精神看護，1（2），1998.
56. 蔭山正子・大島巌・桶谷肇：精神障害者家族会の成長段階に応じた支援のあり方～家族会と専門職の関係性に注目した事例調査の分析；保健婦雑誌，54（7），1998.
57. 高松里（大阪セルフヘルプ支援センター編）：セルフヘルプグループと専門職とのかかわり；セルフヘルプグループ，朝日福祉ガイドブック，朝日新聞厚生文化事業団，1998.
58. 当事者活動ハンドブック～疾病・障害をかかわる人たちとともに；社会福祉法人神奈川県社会福祉協議会かながわボランティアセンター発行，1998.
59. 武井麻子：治療共同体～患者から学ぶ，レトリートとしての精神病院；ゆみる出版，1998.
60. 池田真人：グループと治療共同体，レトリートとしての精神病院．ゆみる出版；1998.
61. 鈴木純一：多種グループに参加することの治療的意義，レトリートとしての精神病院；ゆみる出版，1998.

62. 守田孝恵：保健婦活動におけるグループ育成の意義に関する意識調査（特集保健婦にとっての研究）；保健婦雑誌, 54(10), 1998.
63. 山口淳子：セルフヘルプ・グループと保健婦活動～その関わりのあり方について；生活教育, 42(10), 1998.
64. 伊東秀幸（精神保健福祉相談員会編集）：社会資源の作り方・育て方～セルフヘルプ・グループ；地域援助活動, 萌文社, 134－139, 1998.
65. 全国における精神障害者家族会の実態と展望～全国家族会組織活動基礎調査から；ぜんかれん保健福祉研究所モノグラフ第19号, 80－119, 1998.
66. セルフヘルプを促進するためのグループ技法～セルフアドボカシーにもとづく構造的なグループの技法について；ぜんかれん保健福祉研究所モノグラフ増刊第1号, p37, 1998.
67. 山城紀子：心病んでも～「あたりまえ」に向かって；ニライ社, 1998.
68. 半澤節子・栄セツコ・田中英樹：当事者主体で多様なメニュー～沖縄の精神保健福祉の歴史と現在；精神保健ジャーナルゆうゆう, 第34号, 5－14, 1998.
69. 長谷正人・中江佳子編著：1998年度社会調査実習報告書, セルフヘルプ・グループ～いきづらさの修辞学, 千葉大学文学部行動科学科社会学研究室, 1999.
70. 半澤節子・猪平理恵・高田征四郎：生活支援としての精神科救急～医療機関からみた精神科救急の実際；精神保健ジャーナルゆうゆう, 第36号, 8－13, 1999.
71. 半澤節子・原久美子：クラブハウスにおける活動の展開と支援者の役割；精神保健ジャーナルゆうゆう, 第35号, 44－53, 1999.
72. 岩田泰夫：セルフヘルプ運動；臨床精神医学講座, 精神科リハビリテーション・地域精神医療, 中山書店, 1999.
73. 小田兼三・杉本敏夫・久田則夫：セルフヘルプ・グループとエンパワーメント「エンパワーメント実践の理論と技法；これからの福祉サービスの具体的指針, 47－60, 1999.

74. Mary O'Hagan 著（中田智恵海監訳）: Stop Overs on my way home from mars（精神医療ユーザーがめざすもの～欧米のセルフヘルプ活動）；解放出版社，1999．
75. 岡知史：セルフヘルプグループ～わかちあい・ひとりだち・ときはなち；星和書店，1999．
76. やどかりブックレット編集委員会編：自然体の自分を見つめて～ありのままの私たちの生き方を語り合おう；やどかり出版，1999．
77. やどかりブックレット編集委員会編：やどかりの里におけるグループ活動～爽風会；やどかり出版，2000．
78. 栄セツコ・半澤節子・田中英樹：当事者主体で14年作業所運営のポイント～北海道すみれ共同作業所；精神保健ジャーナルゆうゆう，第38号，48-52，2000．
79. 蔭山正子・金川克子・桶谷肇：精神障害者家族会が設立されるまでの専門職による支援の特徴～東京近郊の事例調査を通して；保健婦雑誌，56 (11)，2000．
80. コミュニティ・ケア・スペース「めぐハウス」編著：地域に広がるめぐハウス～心病む青年たちとつくる暮らし・医療；精神看護出版，2001．

資料1 設立・運営形態別の事例区分

(1999.11半澤作成)

設立	メンバーにより設立されたグループ			メンバーと専門職が一緒に設立したグループ	専門職が中心に設立	専門職によるグループづくり	専門機関に活動が把握されていないが，一部はセルフヘルプ・グループ
類型	独立型	扇形関係に基づく独立型	専門職支援型	専門職協同型	OB型	専門職による運営型	
運営方法	当事者が運営	カリスマ的な当事者が中心に運営	グループの構成員に専門職を含む	当事者と専門職が両者で運営に関与	専門職が中心に声をかけ運営	専門職による運営	
専門職のかかわり	支援は受けるが当事者が参加を制限をする	専門職の支援あり	専門職は促進者という役割の支援に限定	運営に直接的関与	専門職が運営しながらも当事者による運営を目指す	保健所デイケアなど専門職が運営し，当事者相互支援を目指して支援	不明
グループ数（岩田による調査）	31	12	31	42	46	126	87
％（岩田による調査）	8.3%	3.2%	8.3%	11.2%	12.3%	33.6%	23.2%
本研究の事例の活動の初期	【事例2】フレンズコミュニケーション初期	【事例1】TKS活動の初期		【事例3・4】しごとミーティングの初期	【事例6】クラブハウスはばたきの初期	【事例5】沖縄のつどいの初期（デイケアからの誕生）	
本研究の事例の活動のその後	【事例1】TKS活動のその後 【事例2】フレンズコミュニケーションのその後		【事例3・4】しごとミーティングのその後 【事例6】クラブハウスはばたきのその後				

【引用文献】研究代表者岩田泰夫：セルフヘルプ・グループの実態に関する調査研究．精神分裂病者のセルフヘルプ・グループの設立と運営に関する調査研究報告書．62-64．1998．

資料2 セルフヘルプ-グループ実践事例と専門職のかかわりの検討

(1999.11半澤作成)

	独立型		扇形関係に基づく独立型	専門職支援型	
運営方法	当事者運営		カリスマ的な当事者が中心に運営	グループの構成員に専門職を含む	
専門職のかかわり	支援は受けるが当事者が参加を制限をする		専門職の支援あり	専門職は促進者という役割の支援に限定	
セルフヘルプ-グループ名	【事例1】【事例2】のその後:都精連(1999年現在)	【事例2】フレンズ・コミュニケーション	【事例1】TKS	【事例3・4】のその後:クラブハウスストライドクラブ2	【事例6】のその後:クラブハウスはばたき
支援した専門職(よくかかわる順番)	精神保健福祉センター職員,福祉ホーム職員	なし	なし(場所の提供のみ福祉ホーム職員)	作業所職員,職安相談員,大学教授	病院にいたことのあるソーシャルワーカー
①紹介:メンバーを紹介する,グループを紹介する	×	×	×	●	●
②物質的な支援:場所の確保,資金源の援助	●	×	●	●	●
③地域とグループとの関係調整:他機関や地域社会との橋渡し	▲	×	×	●	●
④グループの理解者となること	●	×	×	●	●
⑤新しいグループの発起人	▲	×	×	●	●
⑥コンサルタント(困ったときの相談役)	●	×	▲	●	●
専門職の交代	およそ2〜3年ごと	いない	いない(グループホーム職員は影が薄いかかわりのみ)	職安の職員の交代であり得るすでに1人交代	2年目のため未だ交代なし
これからのセルフヘルプ-グループの方向性	ピアカウンセリング,行政への運動・要望・提言,施策へ参画,全国・世界大会への参加.	体験交流の継続,当事者が運営する作業所づくり,入院患者への権利擁護活動	体験交流の継続	クラブハウスとして過渡的雇用の充実,職場開拓と職業訓練	運営資金確保のための運動

注1 ①から⑥はKaren Hillによる専門職の効果的な支援基準による事例の評価である.
注2 事例の評価は,◎>●>▲>×の順に効果的であるとして示した.

専門職協同型			OB型	専門職による運営型	
当事者と専門職が両者で運営に関与			専門職が中心に声をかけ運営	専門職による運営	運営方法
運営に直接的関与			専門職が運営しながらも当事者による運営を目指す	保健所デイケアなど専門職が運営し、当事者相互支援を目指して支援	専門職のかかわり
【事例1】【事例2】の初期：都精連（1989年当時）	【事例3・4】の初期：しごとミーティング	【事例5】のその後：ふれあいセンター（援護寮・生活支援センター）	【事例6】の初期：回復者ぶんぶんクラブ	【事例5】の初期：沖縄県南部保健所デイケア	セルフヘルプ・グループ名
精神医学研究所研究員，精神保健福祉センター職員，福祉ホーム職員	職安相談員，大学教授，作業所職員（ボランティア）	援護寮・生活支援センター職員	病院ケースワーカー作業所職員	南部保健所精神保健福祉相談員	支援した専門職（よくかかわる順番）
●	●	●	●	●	①紹介：メンバーを紹介する，グループを紹介する
●	●	●	●	●	②物質的な支援：場所の確保，資金源の援助
●	●	●	●	●	③地域とグループとの関係調整：他機関や地域社会との橋渡し
●	●	●	●	●	④グループの理解者となること
●	●	●	●	●	⑤新しいグループの発起人
◎	●	◎	●	◎	⑥コンサルタント（困ったときの相談役）
研究職は交代しない	発足から2年は交代なし，ホソノサイトは交代することもある	いまのところ交代なし	交代しない	保健所の異動により交代する	専門職の交代
当時は全国大会の成功，都連合会としての単会のとりまとめ	当時は体験交流，ピアカウンセリング，相互支援	当事者が運営する診療所の開設	当時は体験交流の継続，相互支援	職場開拓，当事者相互支援の充実，子育てもしごと	これからのセルフヘルプ・グループの方向性

【引用文献1】研究代表者岩田泰夫：セルフヘルプ・グループの実態に関する調査研究．精神分裂病者のセルフヘルプ・グループの設立と運営に関する調査研究報告書．62-64．1998．
【引用文献2】岩間文雄：セルフヘルプ・グループへの支援〜専門職が担うことができる役割とは何か．1998．

資料3：日本のセルフヘルプ-グループ文献年表（昭和32年～平成11年11月）

(1999.11作成：半澤)

年　代	社会福祉学・心理学	保健学・看護学
1957（昭和32）		
1979（昭和54）		・桑原治雄, 杉村巧平：患者クラブ活動（ひろばの試み）；公衆衛生, 43 (3), 203～206, 1979
1980（昭和55）		・川田誉音：『セルフ・ヘルプ・グループ』について；公衆衛生, 45 (8), 635－639, 1981
1981（昭和56）	・久保紘章：セルフ・ヘルプ・グループについて；ソーシャルワーク研究, 6(4), 250－256, 1981	
1982（昭和57）		
1983（昭和58）	・障害者自立生活セミナー実行委員会：障害者の自立生活；1983	
1984（昭和59）		
1985（昭和60）	・久保紘章監訳：『セルフ・ヘルプ・グループの理論と実際』, 川島書店, 1985.9 (Gartner. A/. Reissman. F. Self－Help Group in the Human Services, Jossey－Bass, San Francisco, 1977) ・荒田稔：精神障害者社会復帰活動連絡協議会の動き；地域保健, 12月号, 1－6, 1985	

医　　学	当　事　者	年　代
・壹弘, 藤原豪:「精神病院における患者の自治活動について」;病院精神医学, Vol.1,19－30,1957		1957（昭和32）
・近藤喬一他訳:『地域ぐるみの精神衛生』;星和書店, 1979年,(Caplan,G.:Support Systems and Community Mental Health. 1974)	・AA日本出版局編：無名のアルコール中毒患者たち－アルコール中毒からの回復－；AAニホン・ゼネラル・サービス・オフィス, 1979	1979（昭和54）
		1980（昭和55）
		1981（昭和56）
		1982（昭和57）
・永田勝太郎:「日本心身医学協会－セルフ・ヘルプ・グループの立場から」;日本心身医学協会報, 6 (1),16－21,1983 ・蜂矢英彦, 村田信男:「家族会・友の会活動と精神科医療」;臨床精神医学, 12(12),1477－1488,1983	・高知県断酒新生会：断酒会・依存より創造へ；社団法人高知県断酒新生会, 1983	1983（昭和58）
		1984（昭和59）
		1985（昭和60）

年　代	社会福祉学・心理学	保健学・看護学
1985（昭和60）	・岡知史：セルフ・ヘルプ・グループの機能について－その社会的機能と治療的機能の相互関係；大阪市立大学社会福祉研究紀要，4，1985	
1986（昭和61）	・岡知史：セルフ・ヘルプ・グループへの専門的援助について；地域福祉研究，No.14,1986	
1987（昭和62）	・伊東秀幸：精神障害者による連絡協議会の発足；ソーシャルワーク研究，12(2)32－35,1987 ・岡知史：地域の当事者（セルフ・ヘルプ・グループ）を援助する専門機関；第36回日本社会福祉学会,1987 ・岡知史，久保紘章訳，H,Karen 著：セルフ・ヘルプ活動を支える；看護学雑誌，51－1,1987 ・外口玉子・久保紘章：特集セルフヘルプの理解のために－当事者に出会おう（セルフヘルプと看護の接点を探る）；看護学雑誌　1987.1	・輪湖史子訳・外口玉子監修：セルフ・ヘルプの機能と役割；(Farguharson.A.著）看護学会誌，51（1），48－53,1987
1988（昭和63）	・外口玉子監修，岩田泰夫・岡知史訳著：患者・家族会のつくり方と進め方；川島書店，1988（Hill.K.:Helping You Helps Me；A Guide Book for Self-Help Groups, 1984） ・久保紘章：自立のための援助論－セルフ・ヘルプ・グループに学ぶ－；川島書店，1988 ・窪田暁子：セルフ・ヘルプ・グループの意義－回復者クラブ・ソーシャルクラブ等の育成の方法－；全国精神障害者家族会報，1988	

医　　学	当　事　者	年　代
		1985（昭和60）
		1986（昭和61）
		1987（昭和62）
・遠山照彦:『主役』の登場―動き始めた回復者たち；ゆうゆう，第1号，18－21,1988 ・平岡英三，前田千代子，薬貞寺満里子：ソーシャルクラブとセルフヘルプ・グループ；精神科 Mook，No.22.,288－296,1988 ・黒田知篤：患者会の周辺；精神科 Mook，No.22,288－296,1988		1988（昭和63）

年　代	社会福祉学・心理学	保健学・看護学
1988（昭和63）	・谷口明宏：当事者組織活動へのソーシャル・サポート・ネットワークの方向－重度身体障害者への自律生活支援活動を中心として－；社会福祉研究，42,1988 ・山手茂：日米の"セルフ・ヘルプ・グループとその社会的背景に関する比較"；昭和62年度科学研究費補助金研究成果報告書，「日米の"セルフ・ケア","セルフ・ヘルプ"の日米比較」，1988	
1989（平成元）	・グリーン・渡部律子：1980年代の米国におけるセルフ・ヘルプ・グループの実践と研究の動向；ソーシャルワーク研究，15－(1),1989 ・岡知史：抄訳；西ドイツにおけるセルフ・ヘルプ・グループ－この10年の発展；大阪市立大学社会福祉研究紀要第6号，67－79,1989 ・『くらしの知恵』，全国精神障害者家族会連合会，1989 ・中島紀恵子：日本のセルフ・ヘルプ・グループ－その活動の意味－；日本保健医療行動科学学会年報，『健康問題とセルフケア／ソーシャルサポート・ネットワーク』，Vol.4,21－32,1989	・外口玉子，伊藤ひろ子，小松博子：精神障害者のリハビリテーション過程を促進するケア提供システムに関する研究；昭和63年度井の頭病院研究紀要，1989
1990（平成2）	・岡知史：セルフヘルプグループの概念をめぐって；社会福祉学31(1),1990 ・増野肇，谷中輝雄：対談：セルフヘルプグループの成長とその役割；精神障害と社会復帰，10(1),1990	・園田恭一：セルフヘルプ・グループの意義と課題特集住民のセルフケア・グループ活動；保健婦雑誌46(11)1990

医　　学	当　事　者	年　代
		1988（昭和63）
・斉藤学：セルフ・ヘルプ・グループはなぜ必要か；こころの科学, 23, 22－27, 日本評論社, 1989 ・堀田和一他：セルフ・ヘルプ・グループ, 山口隆, 増野肇, 中川賢幸編,『やさしい集団精神療法入門』, 285－302, 星和書店, 1989		1989（平成元）
・遠山照彦：支え合う4人組－分裂病のインフォーマルグループのうつ治療効果について；(第86回日本精神神経学会発表)；精神神経学雑誌, Vol.92, p904, 1990	・AA World Service INC, (1990), Alcoholics Anonymous Comes of Age（AA日本出版局訳：12 ステップと12伝統；AA ニホン・ゼネラル・サービス・オフィス, 1982)	1990（平成2）

年　代	社会福祉学・心理学	保健学・看護学
1990（平成2）	・岩田泰夫：精神障害者へのソーシャルワーク；こころの科学, No,29,1990 ・住友雄資, 谷中輝雄：精神障害者の自助活動；精神科 Mook, No.26,268－274,1990 ・谷中輝雄：わが国の当事者運動の流れと今後について；精神医療, No75,2－15,1990 ・岡知史：欧米のセルフ・ヘルプ・グループの概念規定について：その思想的・歴史的背景から；大阪市立大学社会福祉研究紀要, 第7号, 47－58,1990	・伊藤ひろ子：セルフ・ヘルプグループと専門職－精神障害者のセルフヘルプ・グループ成立の特徴とその支え手をめぐって；こころの科学, 第29号,1990 ・伊藤ひろ子：精神障害回復者クラブ連合会づくりの過程－"共に生きる仲間"づくりをめざす－；精神障害と社会復帰』10（1）, 1990 ・平野かよ子：セルフ・ヘルプ・グループの機能と構造について；日本赤十字看護大学紀要, 4,1990 ・山崎喜比古・三田優子：セルフヘルプ・グループに関する理論及び論点の整理と考察；保健医療社会学論集, 1990 ・園田恭一：セルフ・ケア・グループの意義と課題；保健婦雑誌, 46－11,1990
1991（平成3）	・障害者自立生活問題研究会：『自立センター』設立への道すじ；1991	

医　　学	当　事　者	年　代
	・「精神病」者グループごかい編：わしらの街じゃあ！；社会評論社，1990 ・HSK『どっこい俺らも生きている－すみれ会20周年記念誌』，すみれ会便り，No.206.（臨時増刊号），1990	1990（平成2）
・村田信男：『自助グループ』について；現代のエスプリ，No.283,1991	・アルコールシンドローム編集部：自助グループを考える；アルコールシンドローム，No25,1991	1991（平成3）

年　代	社会福祉学・心理学	保健学・看護学
1991（平成3）	・生駒芳久：アメリカの精神障害者社会復帰施設ファンテンハウスに学ぶ；東雄司編，『精神障害者・自立への道－和歌山からの報告』206－223，ミネルヴァ書房，1991 ・河東田博他訳：自立生活とパーソナル・アシスタント（Ratzka, A.D. 著）；現代書館，1991 ・三田優子，大島巌，山崎喜比古，園田恭一：精神障害回復者のセルフ・ヘルプ・グループの実態と意義；社会医学研究，第10号，91－95,1991 ・谷中輝雄：特集：精神科患者の自助活動「精神分裂病の自助活動」；社会精神医学，Vol.14.No2,105－110,1991 ・岡知史：終戦後結成された日本のいくつかの自助的相互扶助組織について：地区内網羅的当事者組織としての分析；上智大学社会福祉研究，平成2年度年報，1991	・小宮敬子：薬物依存者の家族グループにおけるメンバー間の相互支援と専門職の支援のあり方；集団精神療法，7（2）,1991
1992（平成4）	・小林信子訳　Pembroke.L. 著：イギリスにおける精神医療のユーザー運動；ノーマライゼーションの現在シンポ実行委員会，『ノーマライゼーションの現在』，現代書館，1992 ・大阪セルフヘルプ情報センター：セルフヘルプハンドブック；1992 ・岩田泰夫：セルフヘルプグループに関する専門職の陥り安い落とし穴；セルフヘルプ・ハンドブック，大阪セルフヘルプ情報センター，1992	・宮本真巳：セルフヘルプ・グループの現状と課題；講演集・セルフヘルプ・グループ，東京都精神医学研究所・医療看護研究部門，1992

医　　学	当　事　者	年　代
		1991（平成3）
・斉藤学：こころとセルフヘルプ・グループ1－2；こころの科学，43－44，日本評論社，1992 ・遠山照彦：目でみる精神医療史－第10回精神障害者患者会の歴史；ゆうゆう，16号，66－71,1992	・浅野十糸子：癒しと自己変革から始まる～セルフヘルプグループの機能；1992	1992（平成4）

年　代	社会福祉学・心理学	保健学・看護学
1992（平成4）	・患者の権利法をつくる会編：あなたが医療の主人公；大月書店,1992 ・東京都精神医学総合研究所・医療看護部門編講：講演集・セルフヘルプ・グループ；1992,(藤井,野口,近藤,村山,石川,窪田) ・窪田暁子：Self Help Group 論の検討－成立の社会的背景からみたその特徴；東洋大学大学院紀要第28集, 1992 ・岡知史：セルフヘルプクリアリングハウス－その実例と問題点；上智大学社会福祉研究, 平成3年度年報, 1992	
1993（平成5）	・窪田暁子：Self Help Group にみる類型について－AA タイプとその特質をてがかりに－；東洋大学児童相談研究, 第12号, 1993 ・滝沢武久：精神障害者家族会活動の現状と課題；(特集：当事者に学ぶ～問われる精神障害者の生活と福祉)；福祉展望 No16, 17－23, 1993 ・岩田泰夫：セルフヘルプグループと専門職その4・専門職のセルフヘルプグループへの支援；精神障害と社会復帰, 12,(2), やどかり出版, 1993 ・中田智恵海：障害者とセルフヘルプグループ；地域福祉研究, No.21,1993	・宮本真巳：ヒーリング・システムとしてのセルフヘルプ・グループ；解放社会学研究, 1993 ・東京都精神医学総合研究所・医療看護部門編：セルフヘルプ・グループの理論的背景とケアシステムへの位置づけに関する研究；1993
1994（平成6）	・より良い医療をめざすあすなろ会編：仲間と共に－あすなろ会25年の歩み－；1994	

医　　　学	当　事　者	年　代
		1992（平成4）
・後藤雅博：精神障害者の福祉施策としてのセルフ・ヘルプ・グループに関する研究；平成5年度厚生科学研究,1993	・小金沢正治：ユーザー運動の体験から考える特集：当事者に学ぶ～問われる精神障害者の生活と福祉；福祉展望 No16, 31－36, 1993	1993（平成5）
	・精神障害者の主張編集委員会編：精神障害者の主張；解放出版社, 1994.7	1994（平成6）

年　代	社会福祉学・心理学	保健学・看護学
1994（平成6）	・三島一郎：セルフヘルプ・グループの機能と役割；精神障害者の主張編集委員会編，『精神障害者の主張』，解放出版社，213－220，1994 ・岩田泰夫：セルフヘルプ運動とソーシャルワーク実践；やどかり出版，1994 ・岩田泰夫：欧米の患者会の活動～欧米の患者会（セルフヘルプ・グループ）の活動に学ぶという観点から～（特集みんなに役立つ患者会）；レビュー，No9，1994 ・坂根実季陽：当事者会に一番支えられていたのは私（特集みんなに役立つ患者会）；レビュー，No9，1994 ・岡知史：わかちあい・ときはなち・ひとりだちの運動～セルフヘルプ・グループ（本人の会）をいかに理解するか～；月刊福祉77(1),64－68,1994 ・岡知史：セルフヘルプ・クリアリングハウス：それはなぜ必要なのか；月刊福祉，77(2),58－63,1994 ・岡知史：セルフヘルプ・グループの援助特性について；上智大学社会福祉研究，平成7年度年報，3－21,1994 ・日本ファウンテンハウス友の会訳：ファウンテンハウス研修資料；1994	

医　　学	当　事　者	年　代
	・全国精神障害者団体連合会編:全精連結成大会＆全国交流集会報告集;1994	1994（平成6）

年　代	社会福祉学・心理学	保健学・看護学
1994（平成6）	・窪田暁子：精神障害者の社会復帰とクラブハウスモデル〜患者役割からの脱出とスタッフ・メンバーの共慟的相互関係；東洋大学社会学部紀要 32(1)（通巻第45集），49－66, 1994 ・松田博幸：セルフヘルプ・グループと専門職者による専門性の共有の課題；社会問題研究，第43巻第2号，1994 ・田中英樹：精神保健福祉法時代のコミュニティーワーク（第3部第1 当事者組織の育成と支援）；相川書房，8, 192－195, 1996	
1995（平成7）	・岡知史：地域福祉の主体:地域福祉の住民組織化と主体形成；牧里毎治・野口定久・河合克義編『地域福祉』，有斐閣，163－177, 1995 ・岡知史：セルフヘルプ・グループ（本人の会）の研究第5版；自費出版，1995 ・松田博幸：地域におけるセルフヘルプ・グループへの支援をめぐる一考察；地域福祉研究，No.23, 1995 ・松永宏子：精神障害者のセルフヘルプ・グループを中心としたニーズに関する研究；平成7年度厚生科学研究，1995 ・寺谷隆子：クラブハウス方式の地域活動；精神医学，第37巻1号，医学書院，1995 田村文栄他：当事者の可能性を生かす〜JHC板橋の実践活動から；月刊総合ケア，5(8), 1995	・平野かよ子：セルフ・ヘルプグループによる回復―アルコール依存症を例として；川島書店，1995

医　　学	当　事　者	年　代
		1994（平成6）
	「病」者の本出版委員会：天上天下「病」者反撃－地を這う「精神病」者運動社会評論社, 1995.4	1995（平成7）

年　代	社会福祉学・心理学	保健学・看護学
1995（平成7）	・田村文栄他：ひとりぼっちにならない，させないソーシャルハウス－当事者の相互支援活動；月刊総合ケア，5（9），1995 ・野上温子：障害者の自立とピア・カウンセリング；福祉相談第7号，東京いきいきライフ推進センター，1995	
1996（平成8）	・窪田暁子：アルコール依存症の回復をエンパワーメントの視点からみる；ソーシャルワーク研究21（2）83－92，1995 ・岡知史：難病の子を持つ親の会－役員との面接調査から浮かんだセルフヘルプグループとしての活動と問題点；上智大学社会福祉研究平成7年度年報，25－52，1996 ・寺谷隆子：JHCの経験から－精神障害者の自立と社会参加・参画への協働－；最新精神医学，1（1），1996 ・岩田泰夫：エンパワーメント－自分で自分をエンパワーメントする－；桃山学院大学社会学論集，30（1），1－36，1996 ・日本社会福祉弘済会研究助成事業：セルフ・ヘルプ・グループ『つどい』の果たしてきた役割と意味（アンケート調査を通じて）；セルフ・ヘルプ・グループ『つどい』200回記念誌『出合いの中で』，1996 ・谷中輝雄：生活支援－精神障害者生活支援の理念と方法；やどかり出版，1996	・外口玉子編，『地域で生きる支え－地域ケア福祉センター10年の歩み，そして現在』，かがやき会地域ケア福祉センター，1996

医　　学	当　事　者	年　代
		1995（平成7）
		1996（平成8）

年　代	社会福祉学・心理学	保健学・看護学
1997（平成9）	・岡知史：当事者組織・セルフヘルプ・グループ；日本地域福祉学会編，『地域福祉事典』，中央法規出版，126－127, 1997 ・岩田泰夫：精神医療におけるアドボカシー－行動によるエンパワーメント－；桃山学院大学社会学論集，30（2）号，59－92, 1997 ・JHC板橋：コンシューマーセルフヘルプ活動におけるピアカウンセリング研修記録集；1997 ・セルフヘルプシリーズ1～8，セルフヘルプ運動を進める会編，1995～1997 ・A.H.カッツ著，久保紘章監訳：セルフヘルプ・グループ；岩崎学術出版，1997 ・三島一郎：セルフヘルプ・グループの機能研究に関する批判的再検討；日本社会事業大学編，『社会福祉システムの展望』，399－412，中央法規出版，1997 ・三島一郎：セルフ・ヘルプ・グループと外的システムの間の連関・連携についての検討；日本社会事業大学研究紀要，第43集，59－70, 1997 ・広江仁：クラブハウス的関係性の日本における実践の展望；精神医学ソーシャルワーク，No.37, 63－67, 1997 ・久保紘章：自主グループ・セルフヘルプ・グループとは～その特徴と支援のあり方～；生活教育，7－12, 1997	・小林るみ：傾聴と情報提供，「私も」型アドバイス；『精神保健ジャーナルゆうゆう』季刊31号, 1997 ・中島紀恵子「地域看護活動を促す実践理念～自己尊厳と権利擁護」保健婦雑誌53（9）1997 ・特集暮らしの拠点・生活支援センター－自分で選び自分で決める生活の支援－『精神保健ジャーナルゆうゆう』32号 p33, 1997 ・半澤節子　就労というテーマで集まった当事者の相互支援活動"しごとミーティング"『精神保健ジャーナルゆうゆう』32号, 1997

医　　　学	当　事　者	年　代
	・丹羽薫：精神障害者福祉の第一線に当事者パワーを活かす－JHC板橋のプログラム展開の中で－（岡上和雄監修）；精神障害者の地域福祉，229－252，相川書房，1997	1997（平成9）

年　代	社会福祉学・心理学	保健学・看護学
1997（平成9）	・岩田泰夫：専門職とセルフヘルプ・グループ〜他者を援助することと自分で自分を援助すること；生活教育, 45－50,1997 ・松永宏子：自助グループと精神科リハビリテーション；精神保健研究43号, 53－58, 1997 ・岡知史：セルフヘルプグループの働きと活動の意味；看護技術, 34（15）,1998 ・岡知史：セルフヘルプグループの参加的調査；上智大学社会福祉研究平成9年度年報, 1998 ・岡知史：セルフヘルプグループとは何か－その「なりたち」と「はたらき」（大阪セルフヘルプ支援センター編）；セルフヘルプグループ, 14－20,1998 ・石川到覚：福祉援助技術の実践的意義, 医療と福祉のインテグレーション；援助理論, 13－23, 1997	
1998（平成10）	・赤松昭：現状打破のために立ち上がりつつある若年頭部傷病者と家族たち〜渦が生み出すセルフヘルプ・グループの多義性；ソーシャルワーク研究, 24（1）58－62, 1998 ・岡知史：セルフヘルプグループの働きと活動の意味；看護技術, 34(15), 1998 ・松永宏子：精神保健とセルフヘルプ・グループ；心の健康, 46(504), 12－19,1998	・蔭山正子・大島巌・桶谷肇：精神障害者家族会の成長段階に応じた支援のあり方, 家族会と専門職の関係性に注目した事例調査の分析；保健婦雑誌54（7）.1998 ・山口淳子：セルフヘルプ・グループと保健婦活動〜その関わりのあり方について〜；生活教育42（10）1998

医　　学	当　事　者	年　代
		1997（平成9）
・増野肇：ピアカウンセリング；心と社会，29(1)，86－91,1998 ・岡上和雄編：「精神障害」を生きる；現代のエスプリ，No.367,1998	・高桑京子，渡辺善和，赤坂雅文：ピアカウンセリングはおもしろい ピアカウンセリングの精神を学んで；精神看護，1(2)，1998 ・宗像利幸：ピアカウンセリングの魅力と可能性；精神看護，No.1(1)，医学書院,1998．	1998（平成10）

年　代	社会福祉学・心理学	保健学・看護学
1998（平成10）	・花岡正憲：文化活動としての精神保健ボランティア；心と社会，29（1），13－15，1998 ・岩間文雄：セルフヘルプグループへの支援－専門職が担うことの出来る役割とは何か－；ソーシャルワーク研究，23（4）13－18，1998 ・研究代表者岩田泰夫：「精神分裂病者のセルフヘルプ・グループの設立と運営に関する調査研究報告書」第1編「セルフヘルプ・グループの実態に関する調査研究」；1998 ・北野誠一：今なぜセルフヘルプグループなのか；朝日福祉ガイドブック：セルフヘルプグループ，大阪セルフヘルプ支援センター編，朝日新聞厚生文化事業団，1998 ・高松里：セルフヘルプグループと専門職とのかかわり；朝日福祉ガイドブック：セルフヘルプグループ，大阪セルフヘルプ支援センター編，朝日新聞厚生文化事業団 1998 ・「全国における精神障害者家族会の実態と展望～全国家族会組織活動基礎調査から～」ぜんかれん保健福祉研究所モノグラフ No19,1998 ・セルフヘルプを促進するためのグループ技法～セルフアドボカシーにもとづく構造的なグループの技法について～ぜんかれん保健福祉研究所モノグラフ増刊 No1,12－37,1998 ・久保紘章・石川到覚：セルフヘルプ・グループの理論と展開；中央法規，1998	・守田孝恵：(特集保健婦にとっての研究)（保健婦活動におけるグループ育成の意義に関する意識調査）；保健婦雑誌54（10）1998 ・池田真人：「グループと治療共同体」211－225，鈴木純一：「多種グループに参加することの治療的意義」100－111，武井麻子：「治療共同体～患者から学ぶ」48－69，レトリートとしての精神病院，ゆみる出版 1998

医　　　学	当　事　者	年　代
		1998（平成10）

年　代	社会福祉学・心理学	保健学・看護学
1998（平成10）	・石川到覚・久保紘章：セルフヘルプ・グループ活動の実際；中央法規，1998	・伊東秀幸：地域援助活動；地域精神保健福祉実務実践シリーズ第4巻第3章「社会資源の作り方・育て方～セルフヘルプ・グループ」11，134－139，1998．
1999（平成11）	・岡知史：自立と解放のためのセルフヘルプグループ「わかちあい」から「ひとりだち」「ときはなち」へ；星和書店，1999 ・1998年度社会調査実習報告書「セルフヘルプ・グループ～いきづらさの修辞学」千葉大学文学部社会福祉研究室 1999 ・岩田泰夫：セルフヘルプ運動；臨床精神医学講座第20巻精神科リハビリテーション・地域精神医学，中山書店 1999 ・小田兼三・杉本敏夫・久田則夫：セルフヘルプ・グループとエンパワーメント「エンパワーメント実践の理論と技法」これからの福祉サービスの具体的指針；47－60，1999 ・永山盛秀：利用者がクリニックを作る」を目指して；精神看護，42－44，1999． ・中田智恵海監訳：精神医療ユーザーがめざすもの～欧米のセルフヘルプ活動；解放出版社，1999	

医　　学	当　事　者	年　　代
		1998（平成10）
	・報告者高良正生：第13回精神障害者リハビリテーション会議「精神障害者の社会復帰と社会参加を推進する全国会議」資料集,「第5分科会セルフヘルプ分科会」;116－117,1999	1999（平成11）

あとがき

　本書は，筆者が東京都で保健婦業務を経験するなかで，また，精神保健ジャーナル「ゆうゆう」（季刊誌）の編集委員として，全国の興味深い精神保健福祉実践を取材し，精神障害のある人（当事者）とその支援者に魅せられて記事にする過程で考えた内容を事例として整理したものを中心にした．また，大学院で修士論文を書くという課題に直面したために，こうした出会いの中で学ばせてもらったことを改めて整理しながら考えたことなどで本書の基本が出来上がっている．書き終えてなお，セルフヘルプと支援者，そして専門職のあり様について，まだまだ考察が深められていないところが数多い．行政保健婦を退職し，平成12年4月から長崎の地で研究・教育の職に就いている現在も，常に意識しているテーマである．

　修士論文を単行本にすることになったのは，やどかり出版の顧問である西村恭彦さんや代表の増田一世さんに出会い，公刊の機会をいただき，引き続きご迷惑をおかけすることになった．お二人には出版に向けて努力し続けることをいつも励まし，このテーマを読者にいかに伝えるかを一緒に悩み考えていただいた．「これまでの『やどかりの里』の活動につながる内容ですよ」と励まされたことは，このうえもない光栄なことであった．西村さんは，精神保健ジャー

ナル『ゆうゆう』にかかわっていた時期があり，また以前医学書院の編集者として保健婦の活動にはひとかたならぬ思いを寄せ，今でも支援してくださっている方である．彼は『やどかりの里』にかかわる中で，数年前から地元練馬区で小規模作業所活動を奥様と一緒に携わってもいらっしゃる．職業経験から得たものを継続してつなげ，さらに広げられているこうした生き方にもたいへん教えられる．『やどかりの里』の活動については，筆者が千葉大学在学中，今から20年前に，恩師である横田碧教授（現在岩手県立看護大学教授）から，「精神医療機関から飛び出し地域で着実に力をつけている活動」として紹介されたことを思い出す．不思議な縁である．看護学生時代を振り返ってみると，ハンセン病の療養所として有名な国立療養所多磨全生園や，進行性筋ジストロフィーの幼い療養者の多かった国立療養所下志津病院などでの実習を選択した．「治療の場として機能する医療現場の中で学ぶことのできる看護実践」を遙かに超えて，「患者として，障害者として，そこに暮している人々と出会い，彼等とその家族の暮らしに様々なつらさを抱えて生きる病者から看護を学ぶ」といった機会を，こうした現場での実習から体験することができたと思っている．「疾患を治療してもらうというニーズに対応してもらうだけでは幸せにはなれない人々」とその療養環境で出会い，そこで看護は何ができるのかを悩み，学ぶことができた当時の千葉大学看護学部時代を経て，筆者の精神障害者への視野は形作られたのかもしれない．このことは先日，本書の応援席にも書いていただいた平野かよ子先生から指摘され，はたと気づいたことである．

　さて，筆者についての補足説明はこの程度にして，本書をまとめるにあたり多分なご迷惑をお受けいただき，かつ温かな励ましまでいただいた方々に，ここでお礼を述べておきたいと思う．

大正大学大学院時代，事例の整理と考察に戸惑い論文作成に難航する筆者の分厚い論文を，ていねいに読み込みご指導してくださいました大正大学大学院の石川到覚教授，そして東京武蔵野病院で現役の精神科医もされている同じく大正大学大学院の野田文隆教授には，心より感謝申し上げます．

　石川先生には修士を修了した後も，教育研究職にやっと座っている筆者を危なっかしく思いつつも，幾度かの論文掲載の機会を作っていただいた．このことは，看護系の教育研究職に就いた現在の筆者にとって，社会福祉専攻で修士を学んだことをどう活かすかについて考える機会を提供していただいている．看護系の大学院が増えている今日，社会福祉系で学び続けることの意味と成果を，教育研究という立場でどのようなしごとをしていくかによって示していかなければならない．精神障害者領域の実践者及び教育研究者は，看護学，保健学，医学などの医療系と，社会福祉系の大きく2つの流れがあるように思われるが，「地域」という視野から「精神保健」を包括し，「精神障害者」のニーズに対応することが求められている今日，たとえ学問基盤は異なっても，精神保健医療福祉領域の教育研究者のつながりによって，それらはつながりのある体系となり，成果が広がりをもった知識として蓄積されていくことこそ求められている．石川先生はこうしたスタンスで研究を続ける筆者を支えてくださる恩師である．

　また，野田先生は，事例2に登場する高梨さんの影響でバンクーバーの精神保健システムにゾッコンになってしまった筆者に関連文献をご紹介くださり，また，日本における歴史的な精神障害者の位置づけの影響を多分に受けて，「専門職と依存的関係になりやすい精神障害者のセルフヘルプ-グループのあり方」そのものを見直す視点を与え直面化させてくださったのは，北米の精神保健システムに詳しい野田先生であった．筆者を研究者として扱ってくださるお

二方のこうしたご好意に，保健婦から教育研究の道に踏み出したばかりの筆者はどれ程エンパワーされたことだろう．また，こうした支援のしかたから学ばせていただくことも多い．生涯の恩師と思っている．期待に応えられるような実力は，今後ぼちぼちつけていきたいと思う．

　また，当時都立大学にいらっしゃった久保紘章教授（平成12年度現在法政大学）には，研究会の参加とそこでの発表の機会を提供され，このテーマに関心を持つ多くの研究者から貴重な意見をいただくことができた．セルフヘルプ-グループ研究会のみなさまにお礼申し上げたい．

　数量調査の結果報告書を送っていただき，専門職の支援について研究するためのご意見をいただいた神戸女学院大学の岩田泰夫教授にも厚くお礼申し上げたい．

　先行文献の資料収集にご協力いただき，論文の最終見直しにもお力添えいただいた佐賀大学の田中英樹助教授にも深く感謝申し上げたい．そもそも田中先生とは，雑誌精神保健ジャーナル『ゆうゆう』の編集会議で，常に鋭い指摘をされて参加者にたくさんのエネルギーを与えてくださる方だと尊敬させていただいていたが，大学院で研究をすすめるにあたり，保健所で精神保健福祉相談に従事するソーシャルワーカーをされ，その実践を活かした社会福祉分野の研究を続ける大先輩として度々相談に載っていただいた．本書の出版につながるやどかり出版顧問の西村さんをご紹介くださったのも田中先生である．九州で研究職としてやっていくための人脈を次々とつくり，その輪に筆者もつなげてくださる田中先生は，すでに九州にもファンは多く，根っからのソーシャルワーカーだと思う．

　また，私的応援席で登場いただいた国立公衆衛生院の平野かよ子部長は，筆者が東京都の保健婦時代に1年間厚生省（現在の厚生労働省）に研修生として出向していたときに上司であった．ちょうど

介護保険法と精神保健福祉士法が成立した年（平成9年度）で，昼夜区別のない厚生省のしごとをさせていただきながら，激動するここ数年の国の動きを見渡し，これからの保健婦活動を多角的に検討する機会をいただいた．平野先生は，アルコール依存症のセルフヘルプ-グループにおける回復を現象学の立場から研究されている．当時の厚生省の激務の中で，部下を励まし，共に力を発揮し合った日々が懐かしく思い出される．恐れ多いことかもしれないが，筆者の研究者としてのモデルにさせていただいていることを告白しておきたい．保健婦アイデンティティを大切にしながら，精神障害者の多様な支援とその課題を看護学生と共に学び研究する現在の筆者を，主催されている公衆衛生看護研究会という場を通じて，今も支えてくださる先生に心から感謝している．

　最後に，事例のインタビューに快く応じてくださった専門職と当事者の方に心から感謝の気持ちを述べたい．これらの方々の活動紹介がなかったならば，本書はまとまることはなかった．また，本書を著書としてまとめるにあたり，原稿見直し作業にも協力いただき，発行への激励のことばまでいただいたことで，挫けそうになる筆者はどれだけ心強く思ったことか知れない．本当にありがとうございました．特にセルフヘルプ-グループの自分史とも言える内容のお話を当事者の視点から語っていただいた仲町さん（仮名）と高梨さんには，深い感謝の気持ちで一杯である．看護婦や保健婦の業務を通じて，様々な方たちの病者体験を伺う機会はあるが，それはあくまでサービス提供者として情報収集させていただくものである．今回のインタビューはそうした職業的なかかわりから離れて，エピソードを聞かせていただいた．援助する人・される人という立場とは異なる関係性の中で，お二人から話しを聞かせていただいたことが，精神障害者についてこれからも研究を続ける研究者としての位置を

確認する機会となったと感じている．また，筆者にとってそういう体験に共感する時間を持つことができたことで，息の詰まる論文作成作業をたいへん楽しい時間にしていただけたことを申し添えたい．著書にするために，インタビューした精神障害者当事者と再度連絡を取り合うという日々が続いた．東京にいる彼らと何度か長距離電話をし，いただいた長文のお手紙や文献を読み返した．高梨さんは，他にもぜひ話を聞いてもらいたい人がいると研究協力者を何人も紹介してくださった．時間的な都合で協力の意向に応えきれなかった筆者の力のなさを残念に思っている．

　日本社会事業大学の寺谷隆子教授，慶應義塾大学の末安民夫助教授，末安勢津子さん，田崎万里子さん，藤井康夫さん，石井将隆さん，そしてしごとミーティングのメンバーのみなさん，また，沖縄の永山盛秀さんとふれあいのメンバーのみなさん，小平市のクラブハウスはばたきの片岡海香さんとメンバーのみなさんにはたいへん感謝している．雑誌『ゆうゆう』のインタビューに応じていただくことに終わらず，修士論文及び著書の作成にあたり原稿を読み返し，筆者の不十分であった理解を補足修正していただく作業にまでおつきあいいただいた．心から感謝しています．

　今後，精神障害者のセルフヘルプ-グループといったテーマで研究しようと考える方々も，きっとこうした様々な人のつながりとネットワークを活かして研究されるであろうと思う．精神障害者・家族，専門職，研究者，ボランティアといった人たちが，立場を越えてそれぞれができることをしながら相互に力を確かめ合うプロセスこそ望ましいのではないかと思う．当事者の協力なくしてはとてもなし得ないこうしたテーマの研究に，少しでも携わることができたことは，筆者にとってかけがえのない経験であったし，自らのエンパワーメントにもなった．セルフヘルプ-グループのメンバーとして過ご

した自らの経験を時折活かしながら，このテーマにかかわる多様な立場の人たちとつながりながら，研究者としての力をつけていきたいと思っている．

　平成13年8月吉日
　　異国情緒の溢れる長崎の地より

半澤　節子

私的応援席からのメッセージ

セルフヘルプ運動の
位置と課題

岩田　泰夫
(神戸女学院大学文学部総合文化学科)

はじめに

　最近セルフヘルプ-グループが活躍し，セルフヘルプ-グループをめぐる著書が次々と発行されている．
　大変にうれしいことである．
　しかし，新しい時代の援助では，クライエントが援助過程を主導し，クライエントのニーズが中心となって援助が展開されるべきことから言えば，もっともっとセルフヘルプ-グループが大きな位置を占めてもよさそうである．
　また，障害者への調査によれば，自分の生活上のニーズを自覚していなかったり，自分の生活と関連させてどのようなサービスがあるのかを知らない実態が浮かび上がっている．(注1，2)これで

はクライエントが社会や援助過程の主人公の位置を占めることは難しいと思われる．

そこで，ここでは，今一度，専門職の援助と対比させつつ，セルフヘルプ運動の位置と役割，課題などを示し，今後のセルフヘルプ運動の方向性を提案し，セルフヘルプ運動の発展を期待したい．

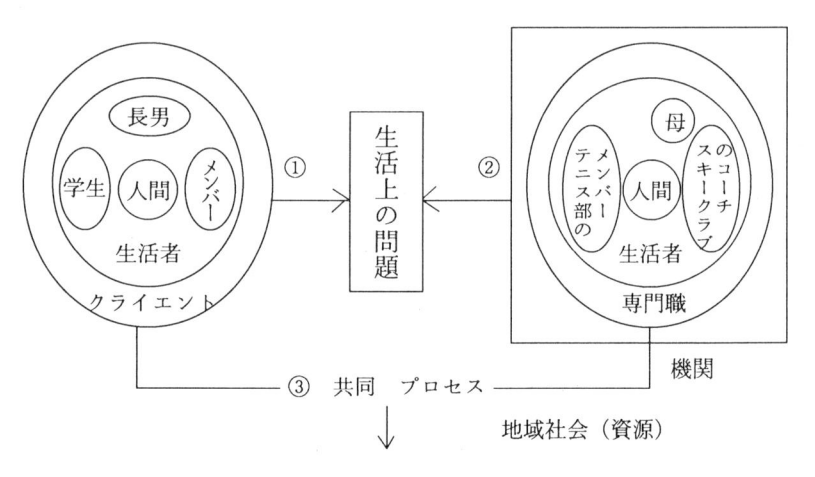

1．援助の構成要素

図1は援助の構成要素を示している．図1①の印はクライエントが自分の生活上の課題に対処していることを示している．情報を集め，資源を活用し，選択し，決定するのである．それに対して，印②は，専門職が他者であるクライエントの生活上の課題に対処していることを示している．ここでは，専門職はクライエントが課題に対処するのを励まし，情報を提供し，支援する．また，クライエントの生活上の課題に直接的に対処する．そして，印③は，クライエ

図1　援助の構成要素

ントと専門職が生活上の課題に対して協同して対処していることを示している．相互に対立しながらも相互に依存し，補い合う関係である．パートナーシップである．

さらに，セルフヘルプに引き寄せて見てみると，印①はセルフヘルプの機能を示し，セルフヘルプ-グループのテーマを示している．印②は仲間同士の相互援助であるセルフヘルプとは異なる専門職の援助を示し，矢③はセルフヘルプ-グループと専門職との関係を示している．

2．セルフヘルプ

図2は図1の印①の「自分を助けることと，その方法」をテーマにしたセルフヘルパー同士のセルフヘルプを示している．実際には，セルフヘルプ-グループでは「自分を助けることと，その方法」を巡って体験が語られ，聴かれ，分かち合われる．また，同時に，図

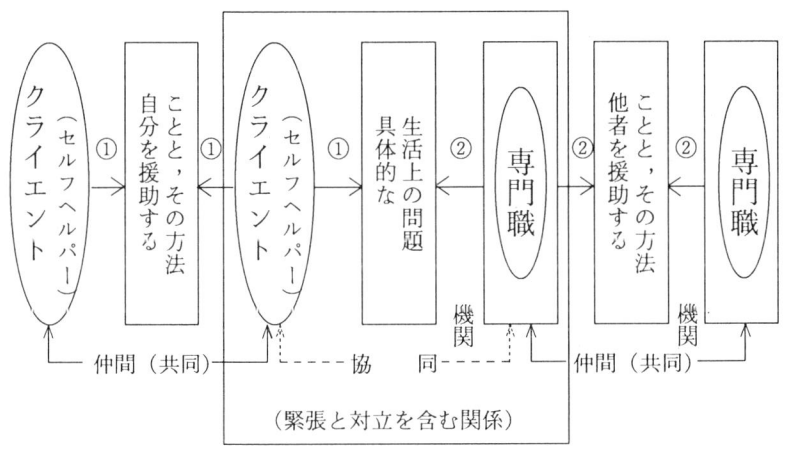

図2 セルフヘルパー（クライエント）同士の相互援助と専門職同士の相互援助など

1の印②の「他者を助けることと,その方法」をテーマにした専門職同士のセルフヘルプを示している.

3．セルフヘルパーの回復

図3はセルフヘルパーの回復の過程を示している.

これによれば,回復はまず①　主体性を取り戻す(主体性),②　仲間を得る(仲間),③　自分の回復のテーマに取り組み続ける(継続),という3つの要素からなる.

回復の契機となるポイントがきわめて重要であるが,ここでは,「自分だけではどうにもならない.助けてほしい」と主体的に援助が求められる.それを受けて,セルフヘルパーの主体性を確保させつつ,援助関係を形成し,支援する必要がある.

それにはセルフヘルパーの生活上の課題を預からないようにし,セルフヘルパーと対等な相互援助関係を形成する必要がある.した

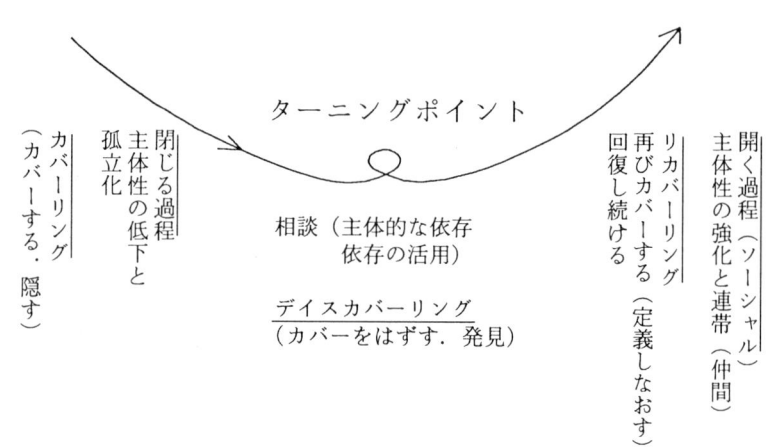

図3　病気や障害などからの回復の過程
　　　～自分を取り戻していく過程～

がって，ここではセルフヘルプ-グループがきわめて重要な役割を担える．

4．セルフヘルパーの課題

このように見てくると，セルフヘルパーは仲間とともに自分の課題に対処して生きる人である．したがって，セルフヘルパーの課題は，① どのように仲間になれるのか，② 自分の課題にどのように対処していくのか，の2つとなる．

これをさらに細かく見ていくと，以下のようになる．
① 体験談を語れるための練習の場の確保
② 体験談を語れるような例会などの仕組み
③ 体験談をまとめ上げて，体験的な知識にまで洗練させる方法の確立
④ 体験的な知識の蓄積と伝達の仕組み
⑤ 仲間同士が対等になるための工夫
⑥ 自分たちの仲間性を守りつつ対外的な関係を持つためのルール
⑦ 個人に関する病名などの情報の確保
⑧ 専門職などのサービスなどに関する情報の確保

おわりに

セルフヘルプ-グループは数多く誕生する．しかし，また同時に消滅していく．その消滅の主たる理由は，現在のわが国の縦社会や立場を重視する文化に組み込まれ，セルフヘルプ-グループがピラミッド型の組織になり，セルフヘルパー同士の対等性や仲間性を失うからである．したがって，セルフヘルプ-グループは，専門職や

社会とは異なった自分たちの固有な価値と方法を大切にして，独特の文化を形成する必要がある．

また，私たち専門職は個人情報とサービスなどに関する情報の開示を進めるとともに，クライエントとそのニーズに基づいて援助と援助方法を組み立てていく必要がある．まさにこの著書の題名である「当事者に学ぶ」である．

注

1. 神戸市市民福祉調査委員会：精神保健福祉に関する調査報告書；神戸市保健福祉局，2001.3.
2. 圓山里子：障害者が置かれている現状—アンケート調査の結果と当事者へのインタビューから—，当事者主体の権利擁護に向けて—「福祉新時代」へのチャレンジ；DPI障害者権利擁護センター，2000.3.

「平行過程の原理」の教えによれば，専門職には専門職の仕事があり，セルフヘルパーにはセルフヘルパーの仕事がある．両者は決して交わることがない．どちらかがどちらかにとって代わることはない，という．

お互いの違いを大切にし，それぞれがそれぞれを大切にできるような相互の「認識」と「関係」，そしてそれがなされる「仕組み」を形成していきたいものである．

半澤節子という
セルフヘルプな人

野田　文隆

（大正大学）

　恐らく，別の機会に出会っていたならば，東京都の保健婦さんと精神科医というフレンドリーな関係を維持できていたであろうのに，なんの因果か大正大学では修士の学生さんと論文の副査という師弟関係になってしまった．この彼女の不幸は修士論文の最終審査まで続くことになる．「セルフヘルプ-グループと専門職の支援」という，傍から見ればまことにまっとうで，意味のあるテーマを持ってきた彼女に，私はのっけからセルフヘルプ-グループを専門職が支援をするとは「自己撞着」もはなはだしくないか，と「いちゃもん」をつけたのである．
　ただでさえ大きな瞳をこぼれるほどに大きくして，「何を言うの，この人は」という疑義をあらわにした彼女に，私はバンクーバーの話をすることとなる．
　精神科レジデントとして滞在した4年間，そして現在も定期的に

通っている北米の文化・風土，そこに根づくindependent（自立）という概念．Interdependent（甘え）を旨とする私たち日本民族とはそのエトスがいかに違うか伝えたいと思った．私が言いたかったことは，セルフヘルプは北米の生き方そのものであるし，空気である．たとえ病み，障害を持ったにせよ，吸ってきた空気，育ってきた習慣は肉化しているのである．つまりその風土の中では，「セルフヘルプ-グループを専門職が支援する」という前提は，それが現実にはあることにせよ，基本的にははなはだおかしいのである．

日本にみられがちな，専門職がセルフヘルプを育てなければというパターナルな姿勢も，当事者が専門職を「当てにする」甘えの姿勢も北米ではあまり見ることはない．それがいいとか悪いとかいう価値観の問題ではなく，まがりなりにもこういう現実がどこかに存在するなら，日本でも基本的には支援を必要としないことこそセルフヘルプの原点とし，出発点と考えるべきでないかと私は主張することになる．それは日本の精神障害者への治療やケアの構造とも深く結びついた課題であるゆえに．

彼女は私よりずっと大人である．私の極めて生硬な警句を，海外における専門職とセルフヘルプ-グループのスタンスの取り方への興味へと変換して受け止め，論文の中へ生かしていった．さらには，「何でも見てやろう」的探究心にまで高め，その後，わざわざバンクーバーまで出かけて行ったと聞く．こういう無垢で，直截な求心力と，あっという間に視察に行ったり，こんな本を作ってしまう強靱で透徹した遠心力が彼女の「徳」であるとつくづく思う．また，この双方の力を兼ね備えていること自体がセルフヘルプな資質に他ならない．セルフヘルプを研究する半澤節子は極めてセルフヘルプな人なのである．

教師はどこかでcritical（意地悪）であるべきだと思いつつも，こういう彼女の資質こそ日本の今後の精神保健福祉分野になくては

ならないものとして，掛け値なく期待してしまうのである．

セルフヘルプ-グループと保健活動

平野かよ子

（国立公衆衛生院）

　私がセルフヘルプ-グループという言葉を知ったのは，かれこれ20年近く前のことで，保健所の保健婦であったころです．生活保護担当の市のケースワークに同行訪問を依頼され，仕事を失い家族に見放されてお酒を飲み続けるアルコール依存症の人に，飲んではだめと言い続け指導していました．「もう飲みません．こんなに辛いのだから．」と，何度も言わせ，何度裏切られたことでしょう．このような関わりをしていてどうなるのかと，無力感を持ち，先が見えない思いでいたことを思い出します．

　そのような時，Alcoholics Anonymous（A．A）のグループの中で，依存症の人が自らを語り，また仲間の話を聴き，自分も仲間もそのままを受け入れ力づけ合っている事実を目の当たりしました．これが私にとって初めてのセルフヘルプ-グループです．

　私がしていたことは，一生懸命であっても，立場の異なる者がし

かりたしなめていたようなことでした．立場を同じくする者によって経験と力を分かち合い希望を持つようになることに，そこには慰めと癒しがあることに衝撃を受けました．

　それまで「ヘルプ，助ける」とは，弱り傷ついた者にそうではない者がすること，力ある者がそれより劣る者にする一方向なことと思い込んでいました．そのような私が，崩されたのです．

　また，助けるという他人に向かうことが，同時に自らにも向うこと．それは，自らの体験を話すこと，聴き合うことにあることに驚きました．そういえば，地域保健活動に携わっていて体験する精神障害者の家族も難病等の患者会も，誰が言ったわけでもないのに，それぞれに子供の病気と歩んだ自分の人生を語り，自分の病気の体験を語っているではないですか．体験を語るのはＡＡに限ったことではないことにも気づかされました．これらは皆セルフヘルプ-グループでした．

　語りたいことが口をついて出てきて，それが自らにも他者にも伝わり，今の自分を変え，新たな自分にしていく．誰か個人が意図したにしろ集った者が語ってみようと思えるようになる力がその場に働くように思えます．その力に捕らわれることにより叶えられるのが「ヘルプ・助け」であると思います．語りたくなるという能動性と，その場に生ずる力に捉えられるといった受動性があることが「ヘルプ・助け」の本質であるように思えます．また，そこには「相手をどうこうさせよう」とか，自分が思うように相手をコントロールしようということがありません．保健や福祉の活動において，これらのグループを援助者がねらうことを実現するための手足としたり，自らのコントロール下に置くことは，本末転倒であることは言うまでもありません．

　地域保健や地域福祉の活動において，たとえ立場の異なる者による支援であっても，お互いに立場は異なっても，それぞれに問題を

抱えて生活し，それを解決しようとしていることにおいては同じ人間であるという認識に立つと，セルフヘルプと同質な支援になるのではないかと思いました．ここでのキーワードは，「対等性」，「双方向性」，援助者であっても相手から力づけられる，いわゆる「エンパワメント」，そして「体験を語る」ではないでしょうか．

またセルフヘルプ-グループが援助者へ語りかけていることは，援助者は援助者同士のセルフヘルプ-グループを創って参加し，自らを語り，その場に働く力に捉えられる体験を持つということだと思いました．

このような支援のあり方を考えていた頃に，私は国レベルの行政である厚生省の地域保健を担う保健婦に係わる部門に配属されました．いわゆる官僚主義が支配する世界をウォッチングしてみようといった好奇心も働きましたが，政策形成の集団においても相互にエンパワメントすることが可能かを確かめてみたいと思いました．また，実践の場の保健婦と政策の場にいる保健婦の間でも対等性と双方向性は基本であろうし，こうすることでボトムアップの保健行政が成り立ち得ることを検証してみたいと．そのように片意地を張って構えていた時に，私は東京都からの研修生である半澤節子さんに出会ったわけです．私にとって行政の世界は，戦いと守りの論理に貫かれ，声高に主張されたことがまかり通り，本物や真実を見つめようとはしない世界に映りました．でも，共に働く者同士は対等でありたいし，それぞれに体験を語ることでお互いにエンパワーしていけたらと，小さくなりながら，部下や研修生とはそんな空間を作りたいと願いつつ過ごしていました．しかし，殺伐と行政の場にあっても，毎朝，笑顔で丁寧にお辞儀をし，みんなと挨拶を交わす人がいました．それは半澤さんです．この姿がどんなに輝いていたかは，半澤さんを知る方であれば容易に想像できると思います．そして，このように日々戦いに挑んでいる私を暖かく見守り励ましていてく

れました．

　そうこうしているうちに半澤さんは，ライフワークとするテーマを精神障害者のセルフヘルプ-グループに見いだし，それを保健婦のアイデンティティーを持って社会福祉の領域で学びたいと話されました．このことを聴かされた私は，大変うれしく思い，私に出来ることは精一杯していきたいと思ったことを懐かしく思い出します．そしてこの著書が完成したことは，同じくセルフヘルプに興味を持つ者として，また，どこにいても対等性や双方向性を大切にしたいと思う援助職として，大変誇りに思います．半澤さんが，この体験をきっかけに，さらに大きく成長されることを切に願って止みません．

セルフヘルプ-グループと研究者の原点

田中　英樹
（佐賀大学文化教育学部）

　著者の私的知己の1人として，本書の隅に一文を載せる光栄を率直に喜びたい．著者，半澤節子さんとは，精神保健ジャーナル「ゆうゆう」の仲間として，本書の事例にも紹介されているように，北海道や沖縄の取材に同行させていただいた．そのころから，彼女の文章にはなぜかエネルギーを感じる時があった．その秘密は本書で何となく理解できたように思う．

　半澤節子さんが書かれた本書は，結論から述べれば，ありきたりの教科書でもアカデミックな学術書でもない．主題はセルフヘルプ-グループと専門職との関わりに焦点を当て，その前段に精神障害当事者の生の声を忠実に再現し，後段に筆者なりのセルフヘルプ-グループに対する専門職の支援のあり方を，文献を丹念に調べて，忠実に再現して論じている．前半がリアルタッチで，後半が論文基調という，1冊の著書としては摩訶（まか）不思議な構成である．

しかし，本書に綴られた事例なる体験記は，その一文一文がかけがえのない意味ある人生の深淵を開示されているようで，思わず自分が何者であり，どのような立場で読んでいるのか，混乱する戸惑いみたいなものを覚える時がある．

著者の本書に込めた思いにも似たような感情があるのだろうか．著者は自身が幼きころの心臓病を患った体験から，セルフヘルプ・グループへのある種の親密性・共感性を素直に開示している．それは著者が保健婦になった動機にも影響している原体験に違いないと思われる．人が職業を選ぶのも，人生の選択の基準とする指標もまちまちであるが，若き日に何を体験したかはその人なりの人間性を知る上で興味がつきない．しかし彼女は，本書が示すように一方で専門職にこだわりを見せる．研究者として学問を1歩でも前に進める著者の立場から言えばそのこだわりは当然であろう．だがそこに不安定な矛盾がある．体験知と専門知は時として対立し，自己の境界に脅威となって現われる場合があるからである．その止揚した後にどのような彼女とその理論が現出するか，今後の興味が尽きない．考えてみれば，1人の人間がその職業的立場だけで自身の存在を証明することも，自己の関心や体験，あるいは臨床の知を離れたポジションからヒューマンサービスに関する理論を構築することも至難の業であろう．ましてや彼女は保健婦である．その意味で本書は自然体で表現されている．当事者，専門家，素人という関係性もその距離も，何も固定したものではない．三者の関係は個々の人間にとってクロスする位置関係にある場合は決して少なくはないのである．そういう私も幼きころ，生活保護を受給していた家族の一員であった．そのことと現在自分が社会福祉の現場，そして研究者であることのルーツのつながりを自覚する時がある．生い立ちや体験は無視できない事実として受け入れるほうがずうっと生きやすいし，人生のバネにもなる場合があろう．

セルフヘルプ-グループと出会った精神障害者の場合はどうであろうか．だれもが考えても，また予期もしていなかった病気や障害に見舞われた時，人生の再建に手を差し伸べるサポーターは多くの場合，家族であり，一時的には専門職かもしれない．しかし，同病者，同障者の持つ共有した体験にとって替わる存在というわけにはいかない．そこにセルフヘルプ-グループの価値がある．もちろん，セルフヘルプ-グループといえども，現実社会の人間が集まる組織ゆえの矛盾もあるし，葛藤もある．その辺が飾らない当事者の言葉で再現されていて，リアルタッチで面白い．

　また，本書の後半が，そうしたセルフヘルプ-グループへの専門職の支援という視座から努めて冷静にこだわりを持って論じている点に，研究者としての立場を自覚した彼女なりの軌跡を読み取ることができ，心暖まる思いがした．彼女は15年ほどの看護婦，保健婦としての現場経験を培いながらも，大正大学大学院にて社会福祉学を学んでいる．精神障害者が病者であり，障害者であることから考えても，保健医療と社会福祉を融合的に内実化できる研究の機会を得られたことは大きな財産になるであろう．本書は石川到覚教授，野田文隆教授らに師事し，精神障害者の理解と支援の幅や深さを究めての成果でもある．現在，長崎大学にて研究者としては古巣とも言える精神看護を担当しているが，これからは伝統的な病棟看護論とは一味違った，地域を基盤とした精神障害者支援の新しい精神医療における臨床看護論の産出を願っている．

　本書は紛れもなく新しい研究者のスタンスを表明するユニークな1冊に数えられるに違いない．

索　引

あ行

あすなろ会　116,117,120,121,122
── 年表　121
アダムス（Adams.R.）　130
アディクション問題　39
アドボカシー　133,135,136
アノニマスグループ　193
医学モデル　186
生駒芳久　199
石川到覚　145,153,154,156,158,
　　　　164,165,186,189,195
医者の社会的属性　127
医者任せ　169
移送制度　175
市川文子　127
一般市民　62
癒しの場　95
医療を受ける権利　176
医療・福祉に従事する専門職　169
医療機関のソーシャルワーカー　110
医療サービスの選択　20
医療専門職　168,170,172,187
医療デイケア　117,138
医療的アプローチ　186
医療と福祉をつなぐ分野　187
岩田泰夫　119,121,129,131,132,
　　　　133,135,136,138,140,
　　　　148,151
岩間文雄　127,197,200
インサイダーの視点　127

院内患者自治会　56,117
インフォームド・コンセント　142
運営形態別分類　133
運営費補助　122
運営母体の同じ作業所　96
運動体としての機能　34
AA（Alcoholics Anonymous）　38,
　　　　39,160,193,199
AC（アダルトチルドレン）のグループ　39,46
MHES（Mental Health Emergency Services；危機介入サービス）　66
園児のような扱い方　112
援助姿勢　161
援助対象　7
援助的機能　140
援助の原則　143
エンパワーメント　28,126,140
往診スタイル　172
オープングループ　25
岡知史　160,161,162,163,193,194,
　　　　196,197,198,199
沖縄県　98
── 精神障害者連合会　103
オルタナティブサービス　134,200
オルタナティブな活動　60

か行

カー87（Car87）　66,67,68,69,71
ガートナーとリースマン
（Gartner.A.&Riessman.F.）　126

外的システム　126
概念　117,147
回復　24,94
── のプロセス　184
変えるために存在　129
核家族化　70
下肢の機能障害　20
家族会　61,125,197
家族問題　26
価値観　154,169
価値と知識と介入　186
カッツ（A.H.katz）　165,193
家庭訪問　21,22
過渡的雇用　109
カネミ油被害者の会　195
カルテ開示　172
カレン・ヒル（Karen Hill）　126,
　　　　　　　　　　136,184,194
川田誉音　197
関係性　80,126,173
── の枠組み　130
看護学　17,184,198
看護計画　19
患者の権利　79
患者会
── の役割　125
── の組織化　125
── 単会　156
患者自治会　120
患者体験　17,19
患者役割　199
議員交渉　158
危機介入サービス　129
北野誠一　200

機能や能力の障害　7
虐待体験　26
救急医療と生活支援　182
救急医療システム　71
急性期治療　66
急性期治療の導入システム　17
境界例人格障害　36
共感的体験　6
行政職　177
行政への陳情活動　34
共存的な関係　134
協働する関係　127
距離や関係性　140
口コミの関係　169
窪田暁子　198,199
久保紘章　129,139,140,141,142,
　　　　　147,148,166,195,196,
　　　　　197,198
クラブハウス　67,68,77,105,106,
　　　　　　107,108,109,112,
　　　　　　113,154,199
── の運営方法　107
── の仕事　107
── はばたき　58,77,108,
　　　　　　　110,111,154
クリニック　172
グループの概況調査　131
グループホーム　68,70,117,118
クロポトキン（Kropotokin）　193
経験的知識の価値　127
警察署　23
継続した医療　175
ケースマネージメント　175
ケースマネージャー　66

研修　92
健常者　123
原体験　27
幻聴体験　168
権利擁護（アドボカシー）　57,61
権力の行使　129
抗精神病薬　54
公民権運動　194
高齢者や母子グループ　151
国際比較研究　160
後藤雅弘　199
雇用者　90
コンシューマー　63,141

さ行

サービス供給（の）主体　161,162
サービス志向的なセルフヘルプ-グループ　161,162
在宅精神障害者　150
在宅難病療養者を対象とした当事者会や家族会　151
作業所　22,40,92,93,94,95,96,97,111,112,132,153
作業所業務連絡会　96
サバイバルモデル　128
サポーター　48,51,52,104
サリドマイド児親の会　195
GVMHSS（Greater Vancouver Mental Health Service Society）　64,65,66,174
JHC板橋　79,80
支援者　7
自己決定　88

──の力　128
自己実現　135
自己責任　88
自己選択　88
自己治療的な志向　193
仕事探し　93
しごとミーティング　77,78,80,81,82,83,86,92,93,94,95,96,154,162
施策立案　156
思想的な起源　193
自尊感情　184
市町村　150,151,176,177
実態把握　132
自分の問題を解決する能力　129
市民運動　194
市民活動　176
市民性　164,165,183,189
事務局的な仕事　45
社会運動　156,157,199
社会貢献　185
社会資源　169
社会的な価値の引き下げ　126
社会の一員　88
社会福祉・保健・医療　148
社会福祉学　17,184,198
社会福祉協議会　132,149,151,176
社会復帰　110,111,150
社会復帰施設　70
社会変革志向　194
社会保障制度　89
住宅プログラム　68
12のルール　42,158

収容主義　65
就労援助相談　81
就労支援　86, 95, 97
　グループ活動　92
就労定着指導　80
主治医　54, 168, 171
主体的な参加　169
障害者
　――の権利　79
　――加算　55
　――計画　176
　――福祉　176
障害年金　54
小規模作業所　24, 70, 78, 81, 82, 92,
　　　　　93, 95, 110, 111, 117,
　　　　　118, 121, 122, 123,
　　　　　158, 165
　――の職員　77, 91, 94
症状
　――の変化　176
　――と生活　173
職員同士の交流　96
職業安定所（ハローワーク）　77, 80,
　　　　　81, 86, 91, 163
職場の同僚　89, 90
素人性　164, 189
人権擁護活動　157, 158
人工呼吸器　20
進行性筋ジストロフィー患者　20
人材の必要数と配置　175
診察室　172
人生に責任を持つ者　129
親睦を図る活動　134
スマイルズ（Smiles）　193

住友雄資　199
すみれ会（北海道札幌市）
　　　　　120, 123, 150
生活感覚　154
生活環境　17, 186
生活支援　86
　――システム　72
　――センター　168
生活者のニーズ　144
生活上のニーズ　17
生活保護　55, 61
生活モデル　186
生活問題の解決　184
生活領域　186
精神医療　60, 61, 62, 65, 72, 188
　――の経験者　73
精神衛生業務運営要領　150
精神科
　――医　21, 24, 54
　――専門看護婦　66
　――ソーシャルワーカー　54
　――治療的な効果　197
　――デイケア　155
　――入院体験　181
精神障害回復者の当事者グループ　124
精神障害者
　――観　138
　――社会復帰相談指導事業
　　　（保健所デイケア）　150
　――担当職業相談員　80, 81,
　　　　　96, 97
　――福祉　188
　――リハビリテーション会議　103
精神症状　169

精神的興奮　22
精神病者　143
「精神病」者運動　122
精神保健
────　業務　21
────　システム　182
────　相談員（精神保健福祉相談員）　21
────　福祉士　144,187
────　福祉士法　144,176
────　福祉センター　44,59,74,132,149,150,177
────　福祉相談員　21,98,151
────　福祉ボランティア　176
セイファー（自殺予防カウンセリングセンター）　68
世界精神保健連盟の国際会議　40
世代志向　154
背骨になるコンセプト　176
セラピスト　66
セルフヘルプ・グループ
────　の体験　26
────　単会　34
────　研究　117
────　の歴史流れ　117
────　基準　132
全国「精神病」者集団　121
全国患者会交流集会　155
全国精神障害者家族会連合会　62,121
全国精神障害者社会復帰活動連絡協議会（全精社連）　122,155
全国精神障害者団体連合会　33,59
全国調査　132

全国ハンセン氏病患者協議会　195
潜在的な力　183
専門家
────　の関与　125
────　のシステム　128
専門教育
専門職　7,22
────　の役割　7
────　の意図　99
────　中心主義　126
────　の支援による枠組み　136
────　の効果的な支援の援護　136
────　の専門性　142
────　の援助観　144
────　ボランティア　92,97,165
専門性　164,165,166
専門的
────　支援　177
────　な援助　128,142
総合的な支援システム　176
相互援助　135,141
相互扶助　129,130,139,193
ソーシャル・アクション　133,134,161,195
ソーシャルクラブ　117
ソーシャルワーカー　54,195
ソーシャルワーク　141
側面的に援助するタイプ　139
組織育成　150
組織形態別類型化　153
育てやすい対象　139
尊重し合う関係性　129

た行

体験的理解　31
対象者観　140
対処していく過程　135
対処方法　169
対人援助　7
対人援助専門職　148,184,187
対人援助専門職の基礎教育　184
対等
　——・平等の関係　173
　——な関係　95,137
　——な立場　129,138
高松里　128
多職種連携チーム　176
脱施設化　174
縦の依存関係　126
田中英樹　120
地域ケア福祉センター池田会館　74
地域生活支援　70,190
　——　　　　センター　70
地域福祉計画　176
地域保健医療計画　176
地域保健システム　64
地域保健福祉計画　176
地域保健法　150
力の獲得　184
痴呆性高齢者の家族会　151
長期入院　70
治療共同体　117,120,121
治療計画　19
治療すべき対象　129
治療法　186
治療方針　172
治療モデル　128
デイケア・作業療法　56
TKSミーティング　39,40
適切な距離や関係性　130
寺谷隆子　78
電話「９１１」　69
東京あすなろ会　37,38,120
東京都精神障害者団体連合会　58
当事者
　——の立場　170
　——のニーズ　142,143,144,177
　——から学ぶ　140
　——活動支援　177
　——性　164,189
　——同士の助け合い　169
遠山照彦　119,125,161,163,189
外口玉子　21,198
特別都市対策事業　150
都道府県精神障害者団体連合会　34
ともに生きる仲間
ともに活動する仲間　104
取り込みタイプ　139
ドロップインセンター
(Drop in Sentre)　58,67,68

な行

治ることを目的としないカウンセリング　128
中島紀恵子　198
仲間の話　25
永山盛秀　98
ナチス　193

日常生活の場面 169
日常的なこと 169
日本患者同盟 195
入院医療 55
ネフローゼの患者 19
脳性麻痺 21

は行

パートナー 129,134,138
パートナーシップ 142
パイプ役 95,96,164,189
初声荘病院の患者会 37
パターナリズム 143
働かない権利 123
発言できる機会 177
バンクーバー 56,58,63,64,68,69,
　　　　　　70,71,72,175,182,183
────のシステム 64
反社会復帰 123
反精神医学的な思想 117
搬送問題 71
半病人 94,164
ピアカウンセリング 55,56,88
ピアサポート 18,28,88
批判的な感情 185
ヒューマンサービス 140,193
病院患者会 110
病気との距離 181
「病」者性 123
病者体験 18
病床数の適正化 175
病状と生活状況 21
平等なメンバー 184

病歴や病状 168
開かれた世界 48
平野かよ子 199
ファウンテンハウス 106
普及啓発活動 34
福祉援助実践 164
福祉計画 175
福祉サービスの対象 143
福祉的アプローチ 186,187
フランシスコート 63
ふれあいセンター 100,101,154,173
フレンズコミュニケーション 32,56
プロシューマー 141,188
プロデューサー 141
ぶんぶんクラブ 110
Best Practice 175,176
ヘルパー・セラピーの原則 141
偏見 125,161,181,185,195
────や抵抗感 90
ベンチャー（亜救急・ケア付き一時
　休養宿泊施設） 67,69
包括的なサービス 177
包括的な支援システム 65
報酬 73
訪問活動 150
保健医療機関 153
保健医療計画 175
保健所 92,110,118,132,149,150,
　　　151,152,177
保健所デイケア 99,100,105,110,
　　　　　　117,121,122,150,
　　　　　　155
保健所デイ・ケア事業 121
保健婦 17,21,23,54,55,110,139,

151
保護者　129,134,137,138,183
補助金　158
ボランタリーなサービス　161
ボランティア　127,163,166,182,
　　　188,189

ま行

まとめ役・世話役　46,47
慢性疾患　20
──　を抱えた経験　165
三島一郎　126,199
自ら克服する力への信頼　143
三田優子・大島巌ら　124,161
水俣病患者同盟　195
無抵抗な犠牲者　129
メアリー=オーヘーガン
　（Mary O'Hagan）　128
メディカル-モデル　66
メンタル-ヘルス-ケアチーム
　（Mental Health Team）　65
メンバーズクラブふれあい　168
目的による分類　155
元患者　54,165

や行

薬物療法　36,54,170
役割分担　96
谷中輝雄　122,154,155,156,158,
　　　199
友愛訪問　157,158
有限会社　102

ユニフォーム　172
陽和病院患者会　56,63
横並びの関係性　95,164

ら行

ライセンス　173
リカバリー協会　193
力量形成　156,175
リバビュー精神病院　174
臨床医療現場　17,88
レイピープル（非専門職）　165
歴史的事情　143
歴史的展開
歴史的流れ　117

わ行

分かち合い　157,158,162

著者紹介

半澤　節子（はんざわ　せつこ）

　1962（昭和37）年10月に三重県で生まれ，幼少時より思春期まで東京都小平市で過ごす．1980（昭和55）年に千葉大学看護学部に入学．看護学実習でハンセン病や筋ジスの方が療養する施設を訪れ，病を持ちながら家族と離れて施設で暮らす人々に心が引きつけられる．

　卒業後，船橋市立医療センター（千葉県）内科及び小児科病棟に看護婦として勤務．そこで拒食症，不登校，アルコール依存症，自殺未遂の方と出会う．当時母校の精神看護学の教授であった横田碧教授に「精神的な問題の方にもっと出会いたい」と相談．「東京都で保健婦をするように」勧められ，1989（平成元）年東京都衛生局に就職．保健婦として多摩地域の保健所，中部総合精神保健福祉センターにて多くの精神障害者と出会い，およそ10年家庭訪問をしたり病院受診に没頭．しかし勤務移動で，厚生省保健医療局地域保健・健康増進栄養課保健指導室（研修生として），東京都総務部地域保健課と本庁勤務を命ぜられる．

　そうした中，1995（平成7）年から精神保健ジャーナル『ゆうゆう』（萌文社）の編集委員を本業とは別に楽しむようになり，国内の先駆的な精神障害者社会復帰施設を見に行く．「当事者主体でやっている活動」と聞くと，ついつい取材に出かけてしまう．また，世田谷区にできた「めぐハウス（看護職が作ったグループホーム）」にもボランティアとしてかかわり，そうした多くの仲間による支えによってつらい（？）本庁勤務にもつぶされずに過ごす．地域社会の人々の暮らしと制度を眺めながら精神障害者の課題をじっくり考えてみたいと思い大学院に進学．仕事と両立（？）しながら2000（平成12）年に大正大学大学院文学研究科社会福祉学専攻（修士課程）をなんとか修了．

　2000（平成12）年4月より縁あって長崎大学に赴任．看護学生に精神看護と精神保健を教えている．（2001年10月より，医学部保健学科看護学専攻）今後は「地域社会の文化と人々の関係性」について精神障害者の問題と関連づけて研究したいと思っている．

主な著書
「精神保健福祉士の基礎知識（下）」（岡上和雄・新保祐元・寺谷隆子編，共著）；
中央法規出版，1998
「精神保健福祉ボランティア～精神保健と福祉の新たな波」（石川到覚編，共著）；
中央法規出版，2001
「市町村における精神保健福祉活動」（石川到覚編，共著）；中央法規出版にて出版予定

当事者に学ぶ
精神障害者のセルフヘルプ-グループ
と
専門職の支援

2001年12月1日発行
2006年10月31日第2刷
著者　　半澤　節子
発行所　やどかり出版　代表　増田　一世
　　　　〒337-0026 さいたま市見沼区染谷1177-4
　　　　Tel 048-680-1891　Fax 048-680-1894
　　　　E-Mail book@yadokarinosato.org
　　　　http://www.yadokarinosato.org/book/
印　刷　やどかり印刷